장기 일출

육당 최남선이 극찬한 조선 10경 長鬐日出

육당 최남선이 극찬한 조선10경 장기 일출

발행일   2017년 1월 9일

지은이   전 태 열
펴낸이   손 형 국
펴낸곳   (주)북랩
편집인   선일영   편집   이종무, 권유선
디자인   이현수, 이정아, 김민하, 한수희   제작   박기성, 황동현, 구성우
마케팅   김회란, 박진관
출판등록   2004. 12. 1(제2012-000051호)
주소   서울시 금천구 가산디지털 1로 168, 우림라이온스밸리 B동 B113, 114호
홈페이지   www.book.co.kr
전화번호   (02)2026-5777   팩스   (02)2026-5747

ISBN   979-11-5987-354-6 03910 (종이책)
         979-11-5987-355-3 05910 (전자책)

이 도서의 국립중앙도서관 출판예정도서목록(CIP)은 서지정보유통지원시스템 홈페이지(http://seoji.
nl.go.kr)와 국가자료공동목록시스템(http://www.nl.go.kr/kolisnet)에서 이용하실 수 있습니다.
(CIP제어번호: CIP2017000458)

(주)북랩 성공출판의 파트너

북랩 홈페이지와 패밀리 사이트에서 다양한 출판 솔루션을 만나 보세요!
홈페이지 book.co.kr   1인출판 플랫폼 해피소드 happisode.com
블로그 blog.naver.com/essaybook 원고모집 book@book.co.kr

육당 최남선이 극찬한 조선 10경 長鬐日出

장기 일출

전태열 지음

북랩 book Lab

머리말

　오천 년의 역사를 가진 우리나라가 일제강점기를 거치면서 단절되고 왜곡 굴절된 역사를 이제부터라도 하나하나 찾아내어 바로잡아야겠다는 생각으로 이 책을 쓴다.

　우리의 후손들이 잘못된 역사를 배우고, 또 그 후손들에게 전파된다고 생각하면 이제부터라도 각 지역의 역사와 문화들을 발굴하고 파헤치고 복원하여야 한다. 끊어지고 왜곡 굴절되어 버린 우리의 명맥을 온전하지는 않더라도 하나하나 이어나가야 한다. 또한 하나된 국가의 역사를 바로 잡아야겠다는 생각이 든다.

　광개토대왕의 비문을 왜곡하고 우리 국민들의 머릿속 생각까지 식민사관으로 바꿔버린 일본놈들의 점령시대를 이제부터라도 하나하나 지워버리고 원래의 모습으로 찾아내고 다듬어야 한다.

　그런 의미에서 내가 할 수 있는 것은 내가 잘 알고 있는 내 고향(故鄕)의 역사와 교육, 문화들을 고서 자료를 통하여 자세히 들여다보고 발굴하여야 한다는 생각이다.

　누구나 자기가 태어난 곳은 있다. 그렇다고 그곳을 모두 고향이라고는 하지 않는다. 그곳에 대한 추억과 향수, 그리움이 젖어있고 무언가 이어지는 끈이 연결된 곳이라야 고향이라고들 한다. 내가 태어난 곳이라고 해서 고향이라고는 할 수 없다고 본다. 예를 들어

원정출산으로 하와이에서 태어났다고 해서 그곳을 고향이라고 하지는 않는다. 실향민들의 고향에 대한 그리움을 우리는 다 모른다.

일제강점기에는 삼국시대 이전부터 면면히 흘러 내려오던 모든 역사의 맥을 끊어버리고 창씨개명를 비롯하여 역사와 문화를 말살하고 교육사업으로 개개인의 사고력조차도 식민사관을 심어놓고 완전히 바꾸게 하였다. 골목골목 어느 산천의 골짜기 하나까지도 우리가 대대로 부르던 지명을 바꾸어 버렸으며, 이후 지금까지도 그때의 강박관념에 사로잡혀 일본에 대한 피해의식으로 엉뚱한 지명이 붙여지고 있음을 볼 때 한탄하지 않을 수 없다. 또한 이는 우리의 역사인식 흐름의 줄기를 바꿔놓은 사건이다.

반면 우리는 일본과 관련된 모든 것과 지방의 말과 문화 역사들을 버리기에 바쁘지만 이제부터라도 발굴하고 보존해야 할 가치를 느껴야 한다. 서울의 말을 표준말이라고 하며 지방의 말을 사투리라고 비아냥거리는 것도 문제이다. 사투리라는 것보다 그 지방의 방언이라고 소중히 여기어 잘 보존하고 가꾸어서 발전시켜나가면 더 좋은 독특한 문화와 언어를 만들 수 있을 것이다. 특히 각 지방마다 우리의 역사와 문화, 교육, 사회적 특성들을 찾아내고 살려내면 작은 지방문화와 역사가 하나되어 한 나라의 문화와 역사로 발전하게 되면 우리가 지금까지 몰랐던 새로운 역사를 쓰게 될 것 아닌가.

앞으로 계속 작은 지역이지만 지나간 지역의 역사와 문화, 교육적, 사회적 기록들을 발굴해내고 자료들을 모아 누구든지 쉽게 볼 수 있을 때 그를 바탕으로 더 깊이 있는 연구를 하여 지방문화를 형성해 나가는 데 도움되기를 바란다. 그러한 뜻에서 앞으로도 꾸준히 고향 지역의 역사자료와 문화, 교육 자료 등을 발굴하여 지역의 독특한 지방문화, 역사자료를 축적해 나가고자 한다.

감사합니다.

2017년 1월

전태열

차례

〈장기사람장기학당 카페
회원이 직접 찍은
장기 일출 사진〉
허덕수 作

1장

고지도 속의 장기

경상도읍지 - 장기

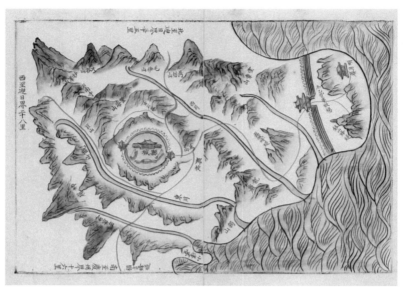

『경상도읍지(慶尙道邑誌)』(1832년경)에 수록된 경상도 장기현 지도, 규장각 소장

장기현은 경상북도 포항시 장기면 구룡포읍 전체, 대보면의 대보리, 강사리, 동해면의 상정리·중산리·공당리에 걸쳐 있었다. 읍치는 장기면의 읍내리에 있었다. 현성(縣城)으로 표기된 장기읍성은 1439년에 축조되었는데, 현재 동악산(252.5m)으로 불리는 거산(巨山)에서 동쪽으로 뻗은 산줄기 높은 곳에 있었다. 대부분의 조선시대 읍성이 평지에 있거나 평지와 산지를 둘러싼 평산지에 있다는 점에 비추어볼 때 독특한 입지를 한 편이다.

장기읍성 안의 동헌은 자봉산(紫鳳山)이란 작은 동산을 주산으로 풍수적 입지를 하고 있다. 하지만 지도에서처럼 읍성 전체가 산으로 둘러싸이지는 않았는데, 풍수적 명당 구도를 강조하기 위해 의도적으로 표현된 것이다. 지도의 오른쪽에는 현재 한반도 전체를 호랑이로 보았을 때 꼬리의 위치에 있다고 하여 호미곶(虎尾串)으로 개명된 동을배곶(冬乙背串, 달비고지) 목장이 그려져 있는데, 울산목장의 관할 아래 있었다. 삼면이 바다로 둘러싸인 고지(串, 반도) 지형을 이용하고 마성(馬城)을 쌓아 말이 도망가지 못하도록 하였다.

봉송전(封松田)은 봉산(封山)이라고도 하며, 전선(戰船)을 만들기 위한 소나무 재목의 조달을 위해 국가에서 일반인의 벌목을 엄격히 금하던 국용 목재 공급처였다. 조선 후기의 봉산제도(封山制度)는 온돌의 보급, 자염(煮鹽) 산업의 성장 등으로 나무의 수요가 늘어나면서 전선용 목재의 보급이 원활하지 않자 국가가 계획적으로 식재·보호하던 제도를 강화시키면서 나타났다. 그 왼쪽의 시령(枾嶺)은 장기현의 읍치와 경주를 연결하던 가장 중요한 길이 지나가던 감재에 대해 한자의 뜻 + 뜻 형태로 표기한 것이다.

〈출처: 규장각〉

영남읍지 - 장기

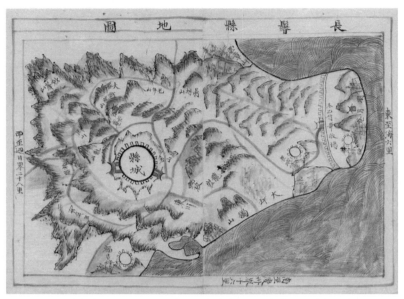

『영남읍지(嶺南邑誌)』(1871년)에 수록된 경상도 장기현 지도, 규장각 소장

　장기현은 경상북도 포항시 장기면 구룡포읍 전체, 대보면의 대보리, 강사리, 동해면의 상정리·중산리·공당리에 걸쳐 있었다. 읍치는 장기면의 읍내리에 있었다. 이 지도는 현성(縣城)으로 표기된 읍치의 풍수적 명당 형국을 강조하기 위해 서쪽으로부터 시작된 산줄기가 읍치를 겹겹이 감싸고 있는 것처럼 표현하였다. 풍수가 읍치로 상징되는 고을의 권위를 표현하는 가장 중요한 논리가 되었던 조선 후기의 자연관을 가장 잘 표현한 그림식 지도 중의 하나로 볼 수 있다.

　그러나 1439년에 축조된 장기읍성은 현재 동악산(252.5m)으로 불리는 거산(巨山)에서 동쪽으로 뻗은 산줄기 높은 곳에 있었다. 대부분의 조선시대 읍성이 평지에 있거나 평지와 산지를 둘러싼 평산지에 있었다는 점에 비추어볼 때 독특한 입지를 한 편이다. 읍성의 입지 선정에서 가장 중요한 요소는 방어였으며, 그렇게 선정된 읍성 안의 작은 규모에서 풍수가 고려되기는 했지만, 고을 전체의 풍수적 형국을 고려해서 읍성의 입지가 선정된 것은 아니다. 풍수적 명당 형국을 강조하기 위해 '넓은 평지에 똥을 누운 것처럼 작은 산이란 뜻의 순우리말 이름인 '똥뫼'에 대한 한자 표기인 독산(獨山)을 읍치의 안산으로 인식하여 실제보다 상당히 큰 것처럼 묘사하였다.

또한 독산(獨山)은 읍성까지 뻗은 산줄기의 맞은편 넓은 뜰 가운데에 있는데 마치 바닷가에 바로 접해 있는 것처럼 이해될 수 있게 그렸다. 기타 대곡산(大谷山)은 순우리말 '한실'에 대해 한자의 뜻 + 뜻 표기인 대곡(大谷)이란 마을에 있는 산, 정방산(鼎坊山)은 순우리말 이름인 '정방이'에 대해 한자의 소리+소리 표기인 정방(鼎坊)이란 마을에 있는 산이란 의미로 만들어진 이름이다.

〈출처: 규장각〉

해동지도 - 장기현

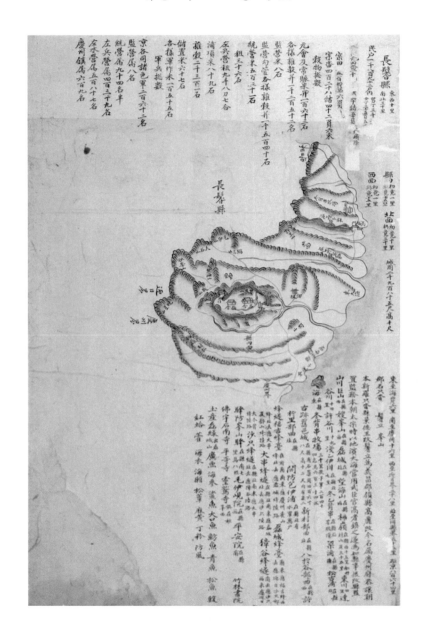

육당 최남선이 극찬한 조선10경 장기 일출

장기현은 지금의 경상북도 포항시 구룡포읍 장기면, 대보면 동부, 동해면 상정리·중산리·공당리를 포함하는 지역이었고, 읍치는 장기면 읍내리 일대에 있었다. 이 고을의 진산(鎭山)은 치소의 서쪽에 위치한 거산(巨山)이다. 읍성은 평지가 아니라 산에 의지해서 쌓은 석성(石城)으로 『신증동국여지승람(新增東國輿地勝覽)』에 따르면 둘레는 2천 9백 80척이다. 읍성 안의 자봉산(紫鳳山) 부근에 자봉정(紫鳳亭)과 욕일당(浴日堂)은 1481년(성종 12)에 현감 최영이 지은 것인데, 지도에는 표시되어 있지 않다.

읍치 아래쪽에 보이는 소봉대는 바다 한가운데에 있다. 모양이 거북처럼 생겼는데, 한쪽은 육지에 연하여 있고, 삼면은 바다에 둘러싸여 경치가 매우 아름답다. 신라의 어느 왕자가 이곳 경치에 취해서 3일 동안 놀았다고 한다. 북쪽에 위치한 동배곶목장(冬背串牧場)은 신라 때부터 말을 키웠던 유서 깊은 목장이다. 뇌성봉수(磊城烽燧)는 북으로 발산봉수(鉢山烽燧)에 응하고, 남으로 복길봉수(福吉烽燧)에 응한다. 모이산(毛伊山)에 있는 모이현(毛伊峴)은 여러 사람이 모여서 이 재를 넘었다 해서, 혹은 고개 모양이 오소리가 잠자는 형국이라 그런 이름이 붙었다 한다.

뇌성봉수가 있는 뇌성산에는 지명에서도 알 수 있듯이 고려 때 쌓은 것으로 보이는 석성(石城)이 있고, 이 산에서 나는 뇌록(磊綠), 인삼(人蔘), 자지(紫芝), 오공(蜈蚣), 봉밀(蜂蜜), 치달(雉獺), 동철(銅鐵)의 7보(寶) 등을 나라에 진상하였으므로, 장기현감을 칠보현감이라 부르기도 하였다 한다. 읍치 오른쪽에 보이는 독산(獨山)은 거북이 옆

드린 것처럼 생겼는데, 현 장기초등학교 자리를 당시 장기향교로 사용하게끔 한 덕계 임재화(林再華)가 늘 놀았다 하며, 현재 그의 유허비가 임중리에 있다.

〈출처: 규장각〉

1872년 지방지도 - 장기현지도

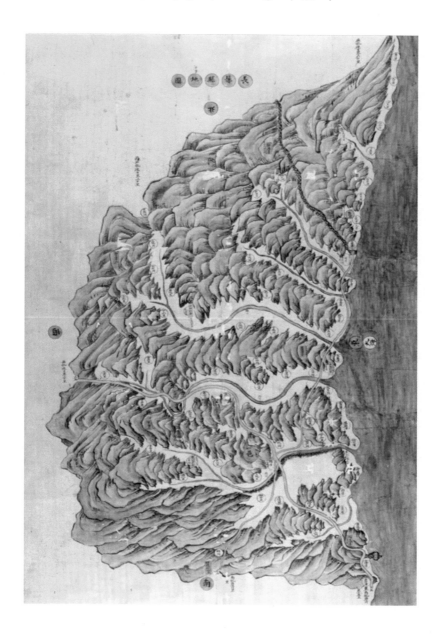

장기현은 지금의 경북 포항시 장기면, 구룡포읍 대보면 일대로 읍치는 장기면 읍내리에 있었다. 한반도의 동쪽 끝에 위치한 작은 고을로 장기곶 아래쪽 지역이다. 해안과 하천을 제외하면 대부분이 구릉성 산지로 덮여 있는데 지도에서도 이 같은 특성이 잘 나타나 있다. 흥해군지도(興海郡地圖)와 그린 수법이 유사하여 동일인에 의해 제작된 것으로 보인다.

읍치는 주변 지역과 비슷한 비율로 그려 특별히 부각시키지는 않았다. 북문과 동문을 표기하여 성곽이 있었음을 나타내고 있는 정도이다. 주변 지역에는 각 면 소속의 동리를 원내에 표기하였고 중심 마을에는 사창을 표시하였다.

지금의 구룡포인 사라진(士羅津) 위쪽의 동을배곶(冬乙背串)에는 목장이 있었는데, 지도에도 목장의 경계와 목장관(牧場館)이 표시되어 있다. 당시 말 787필을 사육하고 있었다. 도로는 대로와 소로를 구분하였고, 교통의 결절을 형성하는 읍치의 하성리(下城里)와 해안의 포구가 있는 창주동(滄洲洞)에는 장시도 개설되어 있음을 볼 수 있다. 읍치의 남쪽 남천(南川)변에는 현재는 없어진 장기숲(林藪)이 울창하게 그려져 있고, 해안가에는 봉수도 보인다.

1872년 지방지도 - 장기현지도상의 표기 지명

강금진(江今津)	거산리(巨山里)	고석암(古石菴)
공당리(孔堂里)	교동(校洞)	구계동(九溪洞)
남천(南川)	노곡리(蘆谷里)	뇌성봉대(磊城烽臺)

눌태동(訥台洞)	다모포(多牟浦)	당사포(堂士浦)
대곡리(大谷里)	대로(大路)	대박동(大朴洞)
대천진(大川津)	대초동(大草洞)	대해(大海)
도구리(都口里)	동문(東門)	두일포(斗日浦)
망해산(望海山)	명월리(明月里)	명월암(明月菴)
명장동(明壯洞)	모이현(毛伊峴)	모포(牟浦)
목장관(牧場館)	묘봉산(妙峯山)	박곡동(朴谷洞)
반금리(反今里)	발산봉대(鉢山烽臺)	범진(凡津)
복길봉대(福吉烽臺)	봉산역(蓬山驛)	북면사창(北面社倉)
북문(北門)	북천(北川)	북하진(北下津)
사라진(士羅津)	사지진(沙只津)	삼정진(三政津)
상금리(上今里)	상병동(上丙洞)	상성동(上城洞)
상성리(上城里)	상수리(上水里)	상양동(上陽洞)
상정리(上井里)	서면사창(西面社倉)	서화리(西化里)
석병진(石屛津)	성황리(城隍里)	소로(小路)
소봉대(小峰臺)	소봉진(小峰津)	수상동(水上洞)
수용진(水用津)	시동(柿洞)	시령봉송전(柿嶺封松田)
양포(良浦)	우천진(雨川津)	운장산(雲章山)
을계동(乙溪洞)	읍(邑)	임물진(臨勿津)
임중리(林中里)	입암진(笠巖津)	장구포(長邱浦)
장시(場市)	적석진(赤石津)	조암진(鳥巖津)
죽하포(竹下浦)	중양리(中陽里)	중정리(中井里)
중흥동(中興洞)	창암진(倉巖津)	창주동(滄洲洞)
창지동(倉旨洞)	치진(治津)	칠전동(七田洞)
탄천(灘川)	팔어동(八魚洞)	평등리(平等里)
하금리(下今里)	하병동(下丙洞)	하성동(下城洞)
하성리(下城里)	하수리(下水里)	하정리(下井里)
학삼리(鶴三里)	허곡리(許谷里)	현내면사창(縣內面社倉)
황계포(黃戒浦)		

1872년 지도로 보는 140여 년 전 조선의 이모저모

해남과 진도의 거북선, 천안의 관아 건물에 표시된 태극무늬, 양양의 설악산 아래 오색리 약수, 선산의 의구총(義狗冢), 남원의 방풍림, 주요 지역마다 표시된 사고(史庫), 태실(胎室), 척화비(斥和碑)와 사창(社倉). 이러한 모든 정보가 생생하게 표시된 자료가 있다. 바로 대원군 시대인 1872년에 그려진 459장의 지방지도들로 현재 규장각에 소장되어 있다. 이들 지도는 1876년 개항을 맞이하기 직전 조선의 마지막 모습을 담은 기록 필름처럼 느껴진다. 1872년에 제작된 지방지도의 가장 큰 특징은 지도책이 아닌 낱장 지도로서, 전국 대부분의 지방을 포함하고 있는 대축척 대형지도라는 점이다.

각 지도의 크기는 가로 70~90㎝, 세로 100~120㎝ 정도로, 지역마다 크기가 조금씩 다르다. 오늘날의 측량 지도와 같이 정확한 지도는 아니지만, 지도의 내용은 매우 상세하고 정밀하며 회화적 아름다움을 지니고 있다. 산과 하천, 도로, 고개, 성곽, 포구, 능원(陵園), 사찰, 서원, 향교, 누정(樓亭), 면리, 역, 점(店), 시장(市場)에 이르기까지 각 지역의 모습을 다른 어느 지방지도보다 상세하게 담았다.

대원군의 야심작, 459장의 지도

1866년의 병인양요, 1871년의 신미양요 등 서양 열강과의 잇따른 전투에서 승리한 대원군은 국방 강화의 필요성을 다시금 인식하였다. 현재 장기면사무소 마당에도 있는 척화비는 전국에 '양이침범(洋夷侵犯) 비전즉화(非戰則和) 주화매국(主和賣國) (서양 오랑캐가 침범하는데 전쟁을 하지 않고 화친을 주장하는 것은 나라를 파는 것이다)'이라는 글자를 새겨 넣은 척화비를 세우면서 항전의 결의를 더욱 굳게 다진 것도 이러한 인식의 발로였다. 대원군은 서양의 동점(東漸)에 대하여 적극적인 대응책을 구상하였다. 관제와 군제의 개편, 군사 시설 확충과 함께 전국 각 지역, 특히 군사시설을 상세하고 정확하게 파악하기 위하여 각 지방의 읍지 편찬을 명하는가 하면 전국의 지도 제작을 지시하였다.

1871년 전국에 읍지 편찬 작성을 명령한 대원군은 이듬해인 1872년 3월에서 6월에 걸쳐 전국 각 지방의 지도를 그려 올리게 했는데, 이들 지도 전체가 규장각에 소장되어 있다. 459장의 지도에는 섬, 진 등 국방에 관한 내용을 비롯하여 조선시대 각 군현의 특징적 정보들이 고스란히 담겨 있다. 140여 년 전 조선 사회의 이모저모를 입체적이고 생동감 있게 살펴볼 수가 있는 것이다. 1872년의 지방지도는 오늘날 지도와는 달리 산수화풍으로 그려져 있어 한눈에 아름다운 느낌이 들며 고을 전체의 모습을 파악할 수 있게 했다. 이러한 지도 제작에는 사물을 정확히 표현할 수 있는 능력을 지닌 전문 화원들의 역할이 컸다. 조선의 화원들은 기존에 알려진 것과 달리 개인적 작품보다 지도와 기록화 제작과 같은 국가의 공식 행사에 참여하는 경우가 훨씬 많았다. 화원들은 기록을 담는 사진사 역할을 한 것이다. 우리가 흔히 접하는 풍속화는 화원들이 국가의 각종 행사에 동원되고 남은 시간에 자신의 기량을 키우는 방편으로 그려진 것이 대부분이었다.

이 지도는 도별로 제작되었기 때문에 각 지역마다 독특한 양상을 띠고 있다. 이중 가장 회화적으로 그려진 전라도의 지도들은 음양 오행 사상에 입각하여 청, 백, 홍, 흑, 황의 색채를 적절하게 조화시 컸으며, 예술적 가치도 뛰어나다. 오늘날 호남 지방이 예향(藝鄉)으로 불리는 데는 조선시대 화원들의 예술적 전통도 한몫했다는 생각이 든다. 반면 경기도, 경상도, 함경도, 평안도 등의 일부 지도는 체제의 통일성을 갖추지 못한 면모를 읽을 수 있다. 물론 각 지방의 정서와 개성이 지도에 반영되었다고 볼 수 있지만, 몇 차례의 수정과 보완을 거쳐 체제를 통일한 전라도 지도와는 달리 지방의 수령들이 중앙 정부의 명령에 의거하여 급하게 지도를 제작한 흔적이 역력하다. 어쩌면 중앙 정부의 지도 제작 의지와 신념이 각 지역마다 골고루 전달되지 못한 시대 상황을 반영한 것인지도 모르겠다.

대원군 정책 반영

대원군 대의 국가정책을 반영하듯 사창(社倉)이 전국에 그려진 것이 흥미롭다. 대원군은 고리대금업으로 전락한 환곡제의 폐단을 극복하기 위하여 전국에 사창을 설립할 것을 지시하고, 이것이 구체적으로 실현되었는지 여부를 지도를 통해 확인한 것으로 보인다. 아울러 대원군이 강력하게 추진한 해방(海防)정책이 특히 강조되어 있다. 각 지방에 소속된 영(營), 진보(鎭堡), 목장, 산성 등 군사 시설을 별도로 그린 지도도 다수 포함하고 있다. 국경 방어와 관련된 진보 지도의 경우 경기도 2매, 전라도 28매, 경상도 41매, 황해도 19매, 평안도 45매, 강원도 2매 등 총 139매에 달한다. 전체 지도의 30% 정도가 국방 지도라는 점은, 전국에 그려진 척화비와 함께 대원군의 대외정책 방향을 상징적으로 보여주고 있다. 지도의 색채 또한 아름답다. 광물이나 식물에서 채취한 천연물감으로 그려서 색채가 선명하고 변색이 되지 않는 장점이 있다. 천연색으로 표현된 지도는 예술적으로도 높은 가치를 지니고 있다.

〈출처: 규장각〉

대동여지도 - 17첩 1면

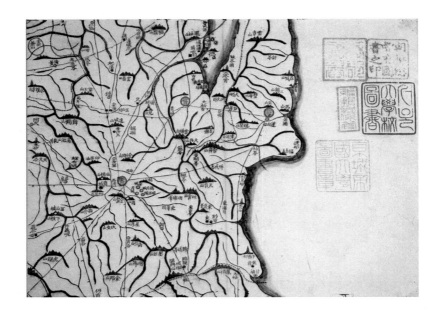

　지도 위의 지역은 현재의 경상북도 포항시, 경주시와 울산광역시 일부에 걸쳐 있다. 남쪽에서 발원하여 동북쪽으로 빠져나가는 하천이 현재의 형산강이다. 이 지도에는 하류의 형산(兄山) 북쪽에 형강(兄江)이라 적혀 있는데, 형산강 명칭의 연원이 된 곳이다. 조선시대에 형강 또는 형산강은 이 부분에서만 주로 사용하던 명칭이며, 다른 지역에서는 경주 읍치 부근의 서천(西川)처럼 다르게 불렀다. 형산강이 바다와 만나는 지역을 현재 영일만으로 부르고 있으며, 해안에는 포항시 명칭의 근원이 된 포항창(浦項倉)이 표시되어 있다. 포항창 부근의 섬들은 본 지도처럼 진짜 바다 한가운데 있다기보다는 형산강과 냉천 하구에 형성된 삼각주 정도이다. 포항제철소와 주

거지를 만들면서 모두 메워져 섬의 모습은 자취를 감추었다.

아래쪽 남쪽으로 흐르는 하천은 현재의 울산만으로 빠져나가는 태화강의 지류인 동천강과 대곡천이다. 왼쪽의 잉보역(仍甫驛)이 표시된 지역은 조선시대에는 경주에 속해 있었지만, 현재는 울산광역시 울주군 두동면과 두서면으로 편입되어 있다. 그 오른쪽 방면의 고성(古城)은 신라 성덕왕(702~737) 때 일본의 침입을 방어하기 위해 지금의 울산광역시 북쪽과 경주시 외동읍 사이에 동서로 길게 쌓았던 장성(長城)이다. 경주의 읍치 부근에는 신라의 고도답게 평지에 4개의 성곽이 표시되어 있다. 그러나 현재도 그 위치가 확인되고 있는 것은 월성(月城)과 명활성(明活城)에 불과하다. 금성(金城)과 만월성(滿月城)은 확인되고 있지 않으며, 조선시대의 지리지에도 애매하게 기록되어 있다. 또한 명활성(明活城)은 평지성이 아니라 산성이며, 랑산(狼山) 동쪽에 표시되어 있어야 한다.

경주 읍치 부근에서 발견되는 선도산(仙桃山), 남산(南山), 부산(富山), 형산(兄山) 등에 보이는 산성은 모두 신라 때의 것으로서 조선시대에는 모두 사용되지 않았다. 경주 읍치 북쪽의 굴연(掘淵)은 북천(北川)과 서천(西川)이 만나는 지점에 표시되어 있어야 한다. 또한 동해안에는 감포(甘浦)의 위치가 잘못 표시되어 있다. 실질적인 위치는 이견대(利見臺) 약간 위쪽에 표시되어 있어야 한다. 두 지명은 《청구도》에는 없었던 것인데 《동여도》에서 삽입하면서 위치를 잘못 비정한 것으로 볼 수 있다.

<출처: 규장각>

《대동여지도(大東輿地圖)》는 김정호가 1861년(철종 12)에 조선을 남북 22폭(또는 층)으로 나누어 만든 목판본 대축척 조선 지도책이다. 1864년(고종 1)에는 일부분을 수정하여 재판하였으며, 목판의 일부가 국립중앙박물관과 숭실대박물관 등에 현존하고 있다. 각 폭은 가로 80리, 세로 120리 간격의 동일한 크기로 접혀 있으며, 위와 아래를 모두 연결하면 동서 약 3m, 남북 약 7m의 초대형 조선전도(朝鮮全圖)가 될 수 있다. 거리와 방향, 위치의 정확성을 추구한 조선시대의 전도(全圖) 중에서 가장 규모가 큰 지도라고 할 수 있다.

김정호가 최초로 만든 조선 지도집은 1834년(순조34)에 남북 29폭(또는 층)으로 나누고, 2책으로 묶은 《청구도(靑丘圖)》로 알려져 있다. 《청구도》는 현재 10종 정도의 이본이 남아 있는 것으로 알려져 있다. 그러나 김정호 자신이 여러 이본을 만든 것인지, 후대에 필사자들의 필사 과정에서 여러 이본이 형성된 것인지 아직 분명하게 연구되어 있지 않다. 다만 18세기 후반기에 거리와 방향, 위치의 정확성을 추구했던 대축척 군현지도의 성과를 편리하게 볼 수 있는 형태로 편집하고, 일반적으로 이용되는 정보를 효과적으로 수록한 지도책이라고 할 수 있다. 《청구도》 제작 이후 김정호는 지리지의 저작에 몰두한다. 18세기 후반기에 이룩된 대축척 군현지도의 성과 자체도 여러 한계를 가지고 있었고, 그것에 바탕을 둔 자신의 《청구도》 역시 완벽할 수 없었다.

이러한 문제점을 교정하기 위해서는 광범위한 지리 정보의 체계화가 필요했다. 이에 따라 당시에 구할 수 있었던 모든 지리지를 검토 비교하고, 새로운 지리지의 체계와 내용을 세워나가게 되었다. 이런 과정에서 만들어진 것이 《동여도지(東輿圖志)》와 《여도비지(輿圖備志)》이다. 《동여도지(東輿圖志)》의 최종 완성은 《대동여지도》가 완성되는 1861년에 이루어지지만, 이미 《청구도》 제작 이후부터 꾸준히 이루어진 것이다. 지리지의 완성으로 지리 정보의 체계화가 이루어지자 김정호는 본격적으로 새로운 지도집의 제작에 나서며, 그 결과 만들어진 것이 《동여도(東輿圖)》이다. 《동여도》는 현재까지의 연구에 의하면 1856년과 1859년 사이에 만들어졌다. 지도의 크기라는 측면에서 볼 때 《동여도》와 《청구도》는 거의 동일하다.

그러나 내용적으로 들어가면 두 지도집 사이에는 상당한 차이가 나타나고 있다. 첫째, 지명의 수라는 측면에서 《동여도》는 《청구도》보다 훨씬 많은 내용을 수록하고 있다. 둘째, 산을 고립되게 표현한 것이 아니라 연맥식(連脈式)으로 표현하였다. 셋째, 지명의 위치나 하천의 유로, 산줄기의 흐름, 고을의 경계선, 해안선 등에서 상당히 많은 교정을 가하고 있다. 넷째, 지도표(地圖標)를 특별히 삽입할 정도로 정보의 기호화를 추구하였다. 다섯째, 책으로 고정시킨 것이 아니라 각 층마다 절첩식으로 하였고, 22층 자체를 모두 분리시키거나 합할 수 있도록 하였다. 이와 같은 변화는 좀 더 정확한 지도를 만들기 위한 노력의 결과임과 동시에 보다 효율적으로 지도를 이용할 수 있는 방법에 대한 궁리의 결과이기도 하다. 또한 지도와 지지가 결합되었던 《청구도》에서 순수한 지도로의 변화를 의미하기도 한다. 그러나 《동여도》는 채색필사본이기 때문에 대중적인 보급에 한계가 있었다.

김정호는 이러한 문제점을 극복하기 위해 목판본인 《대동여지도》를 만든 것이다. 즉, 《동여도》는 그 자체로서도 의미를 갖고 있지만 목판본 지도를 만들기 위한 하나의 저본으로 제작된 것으로 볼 수 있는 것이다. 그렇다고 《동여도》를 그대로 목판에 옮긴 것은 아니다. 목판을 목표로 만들었다고 하더라도 막상 목판을 만들게 되면 여러 가지 문제가 발생하기 때문이다.

　《대동여지도》는 《동여도》에 비해 몇 가지 차이점을 가지고 있다. 첫째, 수록된 지명이 대폭 줄어들었다. 이것은 목판 판각의 어려움 때문에 지명이 너무 많을 수 없었기 때문일 것이다. 둘째, 연맥식(連脈式)의 산줄기 표현이 조선 후기에 유행했던 산도(山圖) 형식처럼 더욱 단순해졌다. 이것 역시 목판 판각의 어려움을 반영한 것으로 생각된다. 셋째, 기호의 사용이 더욱 간단하게 바뀌었다. 이것은 채색 필사본에서 색을 사용하여 구분하던 것과 달리 목판본에서는 흑백으로만 구분해야 했기 때문으로 추정된다. 이러한 변화들을 제외하면 《대동여지도》는 《동여도》와 거의 동일하다. 《대동여지도》에서 마지막으로 지적해야 할 것 중의 하나가 있다. 위치나 거리의 정확성을 추구하는 지도는 정보가 밀집된 지역의 내용을 풍부하게 표현하기 어려운 한계를 가지고 있다. 즉, 수도 한성부나 도성 역시 모든 지역의 축척을 동일하게 하면 하나의 점이나 원으로밖에 표시되지 않기 때문에 수많은 정보를 표현하기 어려운 것이다.

　김정호는 이런 문제점을 극복하기 위해 도성도와 한성부지도(京兆五部)를 특별히 삽입하여 그려 넣는 배려도 잊지 않았다. 《대동여지도》는 지도와 지지적 자료가 결합되어 있던 《청구도》와 달리 순순하게 지도적인 성격이 강하다. 따라서 각 지역의 물산이나 각종 통계 정보를 이용하고 싶은 사람들에게는 한계가 있기 마련이다. 김정호는 이러한 문제점을 극복하기 위해 《대동여지도》와 짝하여 볼 수 있는 지리지를 만들려고 했으며, 그것이 바로 《대동지지(大東地志)》이다. 그러나 애석하게도 이 책을 완성하지 못하고 김정호는 사망한 것으로 알려져 있다. 만약 이 책이 완성되었다면 김정호는 아마 목판이나 활자본으로 찍어 보급하여 《대동여지도》와 함께 이용할 수 있도록 노력했을 것으로 추정된다.

〈출처: 규장각〉

장기군읍지(長鬐郡邑誌)

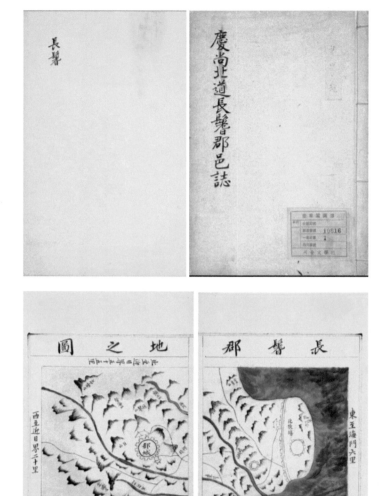

1896년경에 편찬된 경상북도 『장기군읍지』에 수록된 지도

북쪽을 위로 하고 동서 방향으로 길게 2면에 나누어 그린 회화식 지도이다. 한반도 동쪽 끝 장기곶 아래에 자리잡은 장기 고을은 대부분이 구릉성 산지로 덮여 있는데, 지도에도 이러한 모습이 잘 그려져 있다. 2면 가운데에 군성(郡城)이 원형 성곽 모습으로 그려져 있다. 동쪽 해안가에 명일암(明日庵)과 북목장(北牧場)이 있으며 목장 서쪽에 성곽이 있다. 군성 남쪽에 소봉대(小峰坮), 군성 동쪽에 향교(鄕校)가 있다. 여러 산과 하천에 이름을 기입하였고, 도로는 선으로 표시되어 있다.

『장기군읍지』에 수록된 상세내용 및 특징

1896년 이후에 만들어진 경상북도 장기군(長鬐郡)의 읍지(邑誌)로, 표제에 '경상북도 장기군읍지'라고 적혀 있다. 장기는 1895년 지방제도 개편으로 현(縣)에서 군(郡)이 되고 동래부(東萊府)에 속하였다가, 이듬해 1896년 다시 경상남북도가 나뉘면서 경상북도로 이관되었다. 따라서 본 읍지는 그 이후에 만들어진 것으로 보인다. 읍지 본문에도 장기군이 관찰부(觀察府)에서 220리 거리에 있고, 관직에 4등군으로 기록되어 있어, 편찬 시기는 1896년경으로 보인다.

필사본 1책이며, 서두에 채색 지도가 실려 있는데, 지도의 내용은 소략한 편이다. 본문의 항목은 방면(坊面), 건치연혁(建置沿革), 군명(郡名), 형승(形勝), 성지(城池), 관직(官職), 산천(山川), 성씨(姓氏), 풍속(風俗), 단묘(壇廟), 공해(公廨), 제언(堤堰), 사찰(寺刹), 물산(物産), 호구(戶口), 전답(田畓), 역원(驛院), 목장(牧場) 순서로 실려 있다.

내용을 살펴보면, 먼저 '장기군'이라는 내제 밑에 동쪽 해문(海門) 및 경주, 영일 경계까지의 거리를 적고, 서울에서 860리, 관찰부 곧 동래부에서 220리임을 적었다. 이어서 방면 항목에 현내면(縣內面)과 서면, 북면 3개 면에 소속된 이(里) 이름을 모두 열거하고 각각 관문(官門)부터의 거리를 적어 놓았다.

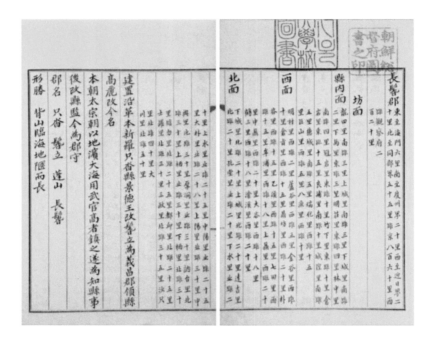

다음의 건치연혁에, 장기가 본래 신라의 지답현(只畓縣)이었고, 고려시대에 지금 이름과 같이 장기라고 하였고, 조선 태종대에 바다에 면하여 있으므로 고위 무관(武官)을 두고 방어하기 위해 지현사(知縣事)를 두었다가, 뒤에 다시 현감으로 고치고, 지금은 군수를 두었다고 하였다. 군명에는 지답, 기립(碁立)과 함께 봉산(蓬山)이라는

이름도 적혀 있다.

형승은 산을 등지고 바다에 면하여 땅이 좁고 길다고 하였다. 성지 항목에는, 읍성(邑城)이 석축으로 둘레가 2,980척(尺), 높이가 10척이며 안에 우물 4곳과 못 2곳이 있다고 하였다. 관직은 군수(郡守)로, 4등임을 부기하였다. 산천 항목에 거산(巨山), 망해산(望海山), 묘봉산(妙峰山) 등 산 11곳과 하천 2곳을 적고 각각 위치를 밝혀 놓았다.

풍속은 예양(禮讓)과 검소함을 숭상한다고 하였다. 단묘는 사직단(社稷壇), 문묘(文廟), 성황사(城隍祠), 여제단(厲祭壇)이 있고 그 위치를 적었다. 공해는 객사(客舍)와 근민당(近民堂), 호적고(戶籍庫), 군기고(軍器庫) 등을 열거하였다. 제언은 정방제(鼎坊堤) 1곳인데, 군의 서쪽 10리에 있고 둘레와 깊이를 부기하였다. 사찰은 명일암(明日菴) 한 곳이고, 물산은 뇌록(磊碌)과 광어, 대구, 청어, 송어, 방어 등 거의 해산물이다.

호구는 원호(元戶) 935호, 인구 4,329구(口)에 남 2,534구, 여 1,795구이고, 전답은 1,038결 남짓에 전(田) 446결, 답(畓) 592결 남짓으로 적혀 있다. 인구와 전답의 수치로 보면 장기는 매우 작은 규모의 고을인데, 본 읍지 편찬 당시에는 경상북도의 4등군이었다.

역원은 봉산역(蓬山驛)이 군의 남쪽에 있었고, 목장은 북목장(北牧場)이 북쪽에 있었으나, 둘 다 지금은 폐지되었다고 하였다.

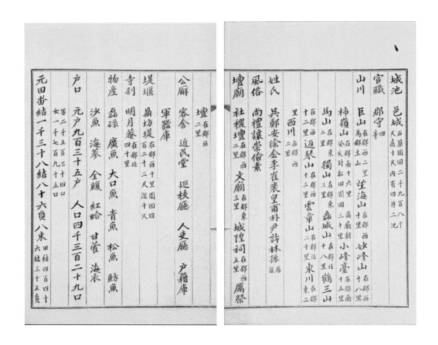

　본 읍지는 본문 기록이 5면에 불과하며 내용도 소략한 편이다. 『경상도읍지』에 수록된 장기군 읍지와 비교하면 항목과 내용은 매우 빈약하지만, 본 읍지의 자료적 가치는 1896년경에 만들어진 장기군의 읍지로서, 19세기 말 장기군에 대한 기초 정보를 제공하는 자료가 된다. 기록 내용과 분량이 매우 소략한데, 같은 시기에 편찬된 다른 고을의 읍지와 비교해도 수록 항목과 내용이 모두 빈약한 편이다.

〈출처: 규장각〉

二水番結三百九十
二結五十一員六束

驛院 蓮山驛 在縣南 今為廢止
六里

牧場 北牧場 在縣北 今為廢止
四十里

2장

장기 일출(長鬐日出)

바위꼭대기의 해송과 바다가 어우러진 모양새에 떠오르는 붉은 해의 모습이 너무 아름다워 '포항의 해금강'으로도 불리는 '장기일출암'은 장기읍성[1](사적 제386호)입구 바다에 있으며, 동악산에서 내려오는 장기천[2]의 민물과 동해 바닷물이 합쳐지는 지점이라 여름철 전국의 피서객들이 많이 찾는 곳으로 봄철에는 하구 근해에서 월동한 새끼은어와 바다에서 부화된 실뱀장어가 장기천으로 올라가고 있어서 풍요롭고 정서적인 환경을 이루고 있는 곳이다.

포항시 남구 장기면은『신증동국여지승람』제23권 경상도(慶尙道) 장기현(長鬐縣)에서 보면 "동쪽으로 해안까지 6리, 남쪽으로 경주부 경계까지 16리, 서쪽으로 영일현(迎日縣)의 경계까지 28리, 북쪽으로 영일현의 경계까지 55리이고, 서울과의 거리는 8백 64리이다."라고 적고 있는 한적한 오지마을이기에 예부터 우암, 다산, 퇴우당 등 많은 성현들의 유배지로 주목받은 터이며, 그러다 보니 동해안 중

---

1 장기읍성(사적386호. 지정일:1994. 3.17)은 포항시 남구 장기면 읍내리(邑內里)에 자리하고, 이 고장의 진산(鎭山)인 동악산(東岳山)에서 동쪽으로 뻗은 등성이에 있으며, 1011년(고려 현종 2)에 여진족의 해안침입에 대비하여 쌓은 토성(土城)이었으나, 조선 1439년(세종 21)에 왜구에 대비하기 위하여 석성(石城)으로 재축되었다. 장기읍성은 산성적 역할을 겸하고 있어 매우 희귀한 유적지로서 연해안의 읍성 연구에 귀중한 자료이다. 장기(長鬐)의 신라시대 행정구역은 지답현(只沓縣)이었으나 경덕왕대(景德王代)에 기립현으로 개명(改名)되고 고려조에는 장기현으로 불렸다.

2 장기천은 낙동강 동해권 수계에 속하는 지방2급 하천으로 포항시 남구 장기면 방산리의 동악산(東岳山)에서 발원하여 임중리·마현리·금곡리를 거쳐 신창리 해안에서 동해로 유입된다. 유로연장은 12.2㎞이며 유로면적은 41.62㎢이다.

에서는 아직도 가장 깨끗하고 자연 그대로 간직하고 있는 편이다.

아름다움을 간직한 이곳을 우암과 다산이 노래하고 육당 최남선 선생은 조선10경(朝鮮10景)[3]에서 말하기를 한반도에서 가장 일출이 아름다운 곳으로 조일헌(朝日軒)이 있던 장기읍성 배일대(拜日臺)에서 바라볼 때 장기일출암 해송 사이로 떠오르는 장기 일출을 조선 최고의 일출이라고 격찬하였다. 공교롭게도 조선10경 중 현재 북한지역 다섯 곳과 우리나라 지역에서 다섯 곳이 있으며 그중에 해 뜨는 곳으로는 포항시 남구 장기면의 장기 일출을 일컬었다. 회제 이언적 선생은 그의 시 '장기동헌'에서 금분초견 용창명(金盆初見 湧滄溟), 즉 장기읍성에서 본 일출 장면을 '처음 본 금빛 항아리 용솟음쳐 솟구치고'라고 표현하기도 했다. 또한 조선 전기의 문신 홍일동(洪逸童)이

---

3 육당 최남선의 조선10경

  〈북한〉
  천지 신광(神光): 백두산 천지 풍광
  압록 기적(汽笛): 경적 울리는 압록강의 기선
  대동 춘흥(春興): 대동강변 봄빛
  재령 관가(觀稼): 황해도 구월산 동선령 풍경
  금강 추색(秋色): 금강산의 단풍 비경

  〈남한〉
  경포 월화(月華): 경포대 수면에 비치는 달
  장기 일출(日出): 장기에서 뜨는 아침 해
  변산 낙조(落照): 변산 앞바다의 해넘이
  연평 어화(漁火): 연평도 조기잡이 어선 불빛
  제주 망해(茫海): 제주도의 망망대해

시로 노래했던 장기의 일출 풍경을 보면 "높은 동헌이 바다를 누르고 산성(山城)에 의지해 있는데, 피곤한 나그네 난간에 기대서니 눈앞이 문득 밝아지누나. 비 개자 맑은 아지랑이 북악(北嶽)에 비껴 있고, 구름 걷자 아침 해가 동해에 솟네."라고 하였다.

요즘은 그 풍광에 많은 나그네들과 네티즌들이 매혹되어 그곳을 찾아가, 인터넷에 많은 사진이 게시되고 있다. 뿐만 아니라 장기면의 옛 지명도 해돋이와 관련이 있는 지답현(只沓縣: 해뜰 때 물이 끓어오르는 모양)이라고 불렀다.

많은 관광객들이 그냥 지나치다가도 멋진 일출 사진을 찍어 인터넷에 게시하고는 있으나 정식 명칭을 몰라 '포항장기바위', '장기신창바위'라고 게시하므로 이제부터라도 원래 불리던 정식 명칭인 '장기일출암'으로 불리기 바라는 맘이다.

또한 지역민이나 관광객은 자연환경을 보호하여 후손에게 고스란히 물려 줄 생각으로라도 일출암 꼭대기의 소나무를 잘 보호하고 번식시켜야 한다. 주변 청소도 중요하며, 정부에서 지정보호되어야 하며, 개발대상이 되지 않아야 바람직하다.

새 천 년이 시작되는 2000년도에는 한민족해맞이축전 개최 장소로 마련된 예전 장기현 소재(대보면)의 장기곶을 2000년 1월 1일 자로 호미곶면으로 바꿔 부르면서 장기곶도 호미곶이라 바꿔 부르고 해맞이 행사를 하고 있다. 이 해맞이 광장은 매년 새해만 되면 만여 평이 넘는 부지가 수십만 인파들로 붐빈다. 새해 첫날이면 유난히 많은 인파들이 몰려드는 호미곶은 장기현의 일부 지역으로서 현감이 거주하는 장기현의 읍성으로부터는 북쪽으로 직선거리 22㎞ 정도이다. 예전 거리로 환산하면 55리 정도이므로 새해 첫날 장기현감은 동헌이 있는 장기읍성에 아직도 배일대가 남아있는 조일헌에서 임금님을 대신해서 해를 맞이하고 인사 올렸음에도 불구하고 호미곶에서는 장기일출암이 아닌 호미곶에서 일출 행사를 했으리라는 어처구니없는 홍보를 하고 있다.

기록에 의하면, 포항 장기읍성 동문 옆에 조일헌(朝日軒)이란 2층 누각이 있었다. 언제 건축되었는지는 알 수 없지만, 이 누각에서 바라보는 동해 해돋이 정경은 실로 절경이었기에 선비들은 일찍부터 조선10경 중 하나로 꼽았다.

그런가 하면, 정월 초하루가 되면 장기현감이 맨 먼저 이곳에 올라 해맞이를 하고, 임금이 계시는 북쪽을 향해 4번 사은숙배 하면서 만수무강과 보국안민을 빌었다. 그리고는 지난 한 해 동안 백성들에게 혹 악정을 베푼 것은 없는지 반성을 하고, 올해에도 관내에 삼재가 들지 못하도록 지성으로 기도를 드렸다.

이곳에는 감히 천민들은 오르지 못하였고, 일반인도 출입이 엄격히 통제된 마치 소도(蘇塗)와 같은 신성 구역이었다.

이런 조일헌이 을사보호조약 후 일제의 통감정치가 시작되면서 수난을 당한다. 일본인들은 신사참배와 천황의 신격화운동에 저해가 된다 하여 이 건물을 헐고 아예 현재의 장기향교 서편으로 옮겨 일본순사주재소의 초소로 만들어 버렸다.

1907년 음력 11월 30일, 장기 출신 의병장 장헌문을 비롯한 산남의진 소속 의병들이 야밤에 몰려와 일본순사주재소를 습격하고 일본인과 한국인 순사 수명을 죽이고 총칼을 약탈한 뒤 방화를 한 사건이 있었다.

이때 조일헌의 건물도 다른 건물들과 함께 소실되었다고 전한다.

일제치하와 6·25전쟁, 먹고 살기조차 급급했던 70년대 초반까지는 아무리 빼어난 장기 일출도 식후경이었다. 그런데 언제인가 땅속에 묻혔던 배일대(拜日臺)란 넓적한 바위가 발견되었고, 그게 조일헌의 부속물이었던 것이 밝혀지자, 해맞이 때가 되면 사람들이 하나둘 다시 몰려들기 시작했다.

비록 누각은 없어져도 그 주춧돌인 배일대가 누각의 역할까지 톡톡히 하는 셈이다.

장기면 신창리 장기일출암의 안내판

육당 최남선의 조선10경 중 하나인 장기 일출

바다 위의 장기일출암과 해송 일부

장기일출암과 장기천

육당 최남선이 극찬한 조선10경 장기 일출

3장

장기면의 전통적인 역사와 문화적 자원 활성화 개발 제언

문화의 가치와 흐름. 창출이 지역 문화 융성과 발전을 위하여 필요하다고 본다. 세계화는 지역사회 경제와 문화에 위협요인이 되기도 하지만, 지역의 중요성과 내생적 발전의 필요성을 인식하게 하는 측면에서 볼 때는 긍정적 효과가 있다.

요즘 농촌 지역은 단순한 농산물생산지 역할에서 벗어나 전통적 역사, 문화와 관광 등의 소비지역으로 변화되고 있는 것처럼, 많은 지역사회주민들은 전통적이고 지리적 연관성을 가진 유·무형의 문화자원을 활용하여 지역의 경제적 활성화를 기하고 있다. 지역 공간의 창출된 전통문화나 전통지식이 그 지역의 경제적 활성화를 통하여 문화·생태의 원형을 보전하고 복융합을 통한 관광가치 창출이 핵심이고, 협력과 지속적 관리운영이 잘되면 성공할 것이다.

정부는 경주 역사문화도시, 광주 아시아 문화중심도시, 전주 전통문화도시 등 지역 특성에 맞고 국가적인 파급효과를 가져올 수 있는 지역별 문화도시 조성사업을 추진하여 성공적으로 운영하고 있다. 이는 지역과 주민들의 창조성 및 혁신, 시민은 삶의 질과 주체적 참여, 문화의 생산과 소비의 활성화 및 문화인프라를 조성하는 내용으로 지역별로 특성 있는 사업을 추진하였기 때문이고, 지역의 특성과 정체성을 기반으로 한 문화를 발전시키고 지역주민의 자긍심 고취를 통하여 나아가서는 국가의 균형발전에 크게 기여하고 있다고 할 수 있다.

현대사회는 지속적인 경제성장과 도시재생을 위한 목적으로 문화산업과 결합하여 좀 더 지역적이고, 창의성이 발현될 수 있는 지역을 만들어 기반시설 건설·운영으로 인하여 생산, 고용 그리고 소득의 인프라를 구축하고, 역사·문화재에 대한 시민의식을 고취시킴과 동시에 민족 문화 정체성 및 가치를 향상시켜 국가적 측면에서 효과적인 방안을 제시하고 있다. 다음에 제시하는 몇 가지 제안으로 장기면 지역 문화가 일자리 창출과 지역 경제활성화에 기여하고 있다는 점이 널리 홍보되어, 문화의 경제적 가치에 대한 모든 인식이 높아질 것으로 기대한다.

포항시에서 동해안 관광벨트 조성을 위한 기초자료를 수집함에 장기면 지역사회의 전통적 역사, 문화자원을 활용하기 위하여 필자는 개인적으로 아래 몇 가지를 제언한다.

1. 구 장기읍성의 지표조사
2. 죽림서원 복원사업
3. 장기읍성의 배일대와 장기일출암
4. 장기면의 관광 활성화를 위한 해수욕장 지정

제언 1: 구 장기읍성의 지표조사

현재 읍내리에 있는 장기읍성은『고려사』,『신증동국여지승람』등의 기록에 의하면 고려 현종2년(1011) 당시에는 흙으로 성을 쌓았으나, 조선시대에 와서 돌로 성을 다시 쌓았다고 한다. 고려 때 처음 이 성을 쌓았는데 동쪽으로 왜적을 막고 북쪽으로는 여진족을 방어하기 위한 것이었다. 그러나 고려 이전에도 장기에는 읍성이 있었음을 알 수 있는데『신증동국여지승람』제23권에 보면 장기현 부분의 고적 옛 읍성이 "현의 남쪽에서 2리에 있으며, 돌로 쌓았다. 둘레는 4백 68자이고, 높이는 12자이며, 그 안에 샘이 2개 있다."라고 명시되어 있다.

1960년대에는 장기중학교에서 방학 숙제로 옛날 물건을 가져오라 하여 임중 수성에 거주하는 학생들은 구읍성의 깨진 기왓장부터 토기 조각 등을 주워서 학교에 제출한 적이 있었다. 그후 2003년에는 실제로 금락두 선생님과 여러 명의 입회하에 임중리에서 수성으로 넘어가는 자산재에서 구읍성이 존재하였음을 확인하였고 신문에 기사화된 적도 있다.

『신동국여지승람』이나 영일읍지 등의 문헌상에 기록되어 있는 구 장기읍성은 남2리에 있으며 둘레나 높이를 말하고 샘이 두 군데 있

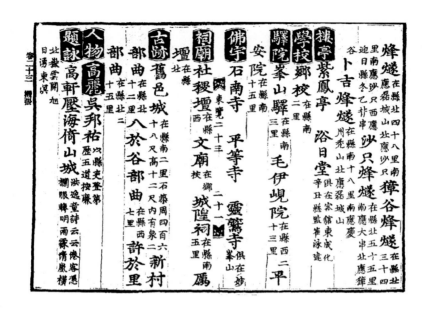

다고 기록하였다. 이를 근거로 2003년에는 장기발전연구회에서 회원 여러 명과 함께 언론취재팀을 대동하고 장기면 수성리의 뒷산인 작산재의 정상부근에서 토성 형태의 구 장기읍성 성곽을 발견한 적이 있다. 정상에서는 인근 양포항구뿐만 아니라 사방이 훤히 보이며 왜구의 침입을 미리 알 수 있는 위치에 있었다고 한다. 금락두 전 교장선생님은 관계기관의 고증작업이 필요하다고 주장하였으나 이후 아직까지도 지표조사조차도 이루어지지 않고 있어 안타깝다.

장기현의 고려 이전에 구읍성이 분명한 존재 사실을 확인한 지 10여 년이 흘렀음에도 불구하고 아직까지 구 장기읍성의 지표조사도 못 하고 있는 실정이 참 안타깝다. 지금이라도 포항시에서는 예산을 확보하여 장기현의 구읍성 지표조사를 실시하고 신라시대의 유물을 확인 발굴한다면 당시 장기현의 위상과 동해안 관광벨트 관광지 조성에 훌륭한 여건이 될 수 있으며, 천년 이상 땅속에 묻혀 있는 장기면, 아니 포항시의 자산을 이제는 발굴 보존하여야 할 것이다. 이제는 수년 전부터 주장해 온 지표조사라도 시행되도록 포항시민이나 장기인들이 먼저 발의하여야 할 것이라 본다.

구 장기읍성이 발견된 신문기사 일부(2003. 7. 21 자 매일신문)

장기면의 지형도에서 보는 장기읍성과 구 읍성의 위치(출처: 다음지도)

구 장기읍성이 존재하였던 자산재의 지형 위치(출처: 다음지도)

제언 2: 죽림서원 복원사업

장기는 조선시대 당대의 걸출한 석학과 정객들이 다녀간 주요한 유배지로 중앙의 고급문화와 최고수준의 학문을 꽃피운 유학(儒學)의 고장이다. 그 가운데 특히 유학의 대가인 송시열과 실학의 거두인 정약용 등 당대의 실세 정객과 석학들이 유배생활을 하며 중앙의 고급문화와 최고수준의 학문을 유포하여 장기를 유학의 고장으로 변화시켰음을 알 수 있다.

장기는 읍내리에 송시열을 기리는 죽림서원(竹林書院) 등 동일지역 내에서 가장 많은 서원(사립학교)이 운영될 정도로 선비를 존경하고 학문을 숭상하여 지금의 장기는 다른 지역보다 학자나 교육자가 많이 배출되기도 한다.

1707년(숙종 33년) 시공돼 이듬해 완공된 죽림서원은 처음 우암의 영정을 봉안하며 사우(선조의 신위를 모셔두고 제를 올리는 곳)로 출발했다. 이후 오도전 등 장기향림들과 대구의 구용징·전극화 등이 주축이 돼 우암이 장기를 떠난 지 28년 만에 건조된 서원이다. 우암이 직접 장기 유배생활을 기록한 '적거실기'에 의하면 오도전은 당시 우암에게 직접 학문을 가르침을 받던 사람으로서, 우암이 기거하던 가택의 소유주였다. 이 오도전과 그의 형제들 황보헌, 이동철 등으로 구성된 장기향림들은 1689년 우암이 세상을 떠난 후에도 그의 학풍을 후대에 전수하며 노론계가 전무하던 경북지역에 조그만 노론 인맥을 형성했다. 죽림서원은 1871년, 고종 8년 때 비사액 서원(국가로부터 지원 및 인정을 받지 않은 개인서원)이라고 해서 흥선대원군의 서원 철폐령에 의해 사라지고 말았다. 현재 죽림서원이 있던 장기면 읍내리에는 서원마을이라 불리는 동네가 있으며, 부지는 개인 텃밭으로 일궈져 주춧돌만 덩그러니 남아 있다.

그러나 지금은 충청도 강경뿐만 아니라 전국에서 송시열을 배향하는 서원이 모두 다시 재건되어 운영되고 있다. 하지만 조선 중·후기 성리학을 논하던 서원인 장기의 죽림서원은 아예 한마디 논의조차 없음을 볼 때 참으로 안타깝다. 물론 장기면 지역에 장기향교와 주로 각 문중에서 운영하는 7곳의 서원이 있고, 이를 잘 활용하는 방안이 없긴 하지만 장기지역 옛 선조의 뜻을 따라 죽림서원을 중건하는 것도 바람직하다는 생각이 든다.

우암 송시열 선생과 장기초등학교 교정에 있는 그의 사적비와 우암이 심었다는 은행나무

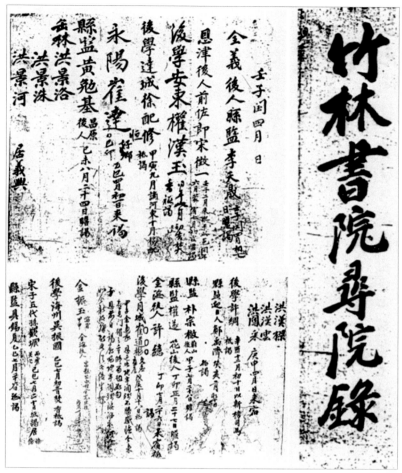

1792~1864년 경상도 장기현 죽림서원 심원록(尋院錄)의 일부로서 방문자의 방명록이다. 당시 방문 인사들은 직접 자신의 성명과 방문 일자를 기재하였으며, 모두 242회의 방문 기록 중, 중복 방문을 제외하면 모두 209명의 인사가 방문한 것으로 나타난다. 이는 조선 후기 당색(黨色)에 따른 서원의 사회적 기반을 살펴볼 수 있는 중요한 자료이기도 하다. 필자는 차후에 죽림서원 심원록에 대한 상세한 내용을 별도의 서적으로 공개하고자 한다.

제언 3: 장기읍성의 배일대와 장기일출암

여름철이 되면 신창리 장기일출암을 찾는 고향 사람과 관광객들이 많아진다. 이 바위섬을 날물치, 생수암, 신창바위섬, 장기일출암 등 여러 가지로 혼용하여 부르고 있다. 현재 바위섬 앞에 입간판이 있긴 하나 그대로 잘 불리지 않고 있고, 특히 외지 관광객들은 인터넷을 검색하여 각자 부르고 있기에 이를 '장기일출암'으로 통일하여 부르기를 바란다.

많은 사람들이 찾는 장기일출암은 장기읍성(사적 제386호)입구 바다에 있으며, 동악산에서 내려오는 장기천의 민물과 동해 바닷물이 합쳐지는 지점이다. 바위 사이로 물이 드나든다고 하여 날물치라고 하며, 장기천의 물이 흐르다 강바닥으로 스며들어 하류 지점인 신창리에서 생수처럼 솟아난다 해서 일명 생수암(生水岩)이라고도 한다.

장기읍성에 있는 배일대의 뜻을 보나, 육당 최남선 선생의 조선10경에 있는 '장기 일출'을 견주어 볼 때도 생소한 이름보다는 '장기일출암'이라고 부름으로써 장기라는 지명도 알리고, 최남선의 조선10경을 배경으로 입지가 다져지기를 바란다. 현재 호미곶면에서는 호미곶일출을 육당 최남선의 조선10경이라고 홍보하는데 열을 올리고 있고, 경상북도 포항시에서도 아무런 대꾸 없이 묵인하고 있는

지방체제	지방관	품계	주요 지역
팔도(八道)	관찰사(觀察使)	종2품	경기, 충청, 경상, 전라 등
유수부(留守府)	유수(留守)	정2품 또는 종2품	화성, 광주, 개성, 강화, 춘천
부윤 관할 부	부윤(府尹)	종2품	전주, 경주, 영흥, 의주, 평양
목(牧)	목사(牧使)	정3품	진주, 여주 등
대도호부(大都護府)	대도호부사(大都護府使)	정3품	강릉, 안동, 창원 등
도호부(都護府)	도호부사(都護府使)	종3품	울산, 인천 등
군(郡)	군수(郡守)	종4품	낙안, 서산 등
현령 관할 현	현령(縣令)	종5품	양천, 문의, 용인, 영덕 등
현감 관할 현	현감(縣監)	종6품	과천, 직산 등

조선시대의 지방체재와 지방관

실정이다. 그러나 짚어 보면 옛날 장기현감이 장기읍성의 조일헌이 있는 '배일대'에서 일출을 맞이하였을 것이라 본다. 일출을 위하여 말 타고 호미곶 끝까지 가지는 않았을 것임에도 불구하고 장기면에서는 호미곶면에 대한 일출 도용(?)문제에 대해 짚어 보기라도 했던가?

이제라도 신창에 바위섬을 '장기일출암'으로 다시 이름하여 부르고 만방에 널리 알리는 게 이번 동해안 관광벨트 조성에 있어 적합한 방안이라 여겨 제안을 한다.

뿐만 아니라 장기읍성 내 배일대에서 보는 장기일출암에서 떠오르는 동해 일출은 육당 최남선의 조선10경에서도 나오듯이 한반도에서 최고의 일출 광경이다.

장기읍성 내에 있는 배일대와 멀리 보이는 동해

장기읍성에서 바라보는 동해 바다와 현내들

육당 최남선이 극찬한 조선10경 장기 일출

제언 4: 장기면의 관광 활성화를 위한 해수욕장 지정

　해안선 14㎞인 장기면은 동해안에서 가장 청정한 해안으로 꼽히고 있으며, 포항시 남쪽 관내 해안선의 상당 부분이 장기면이다. 해안 절경이나 모래사장이 너무 좋고, 접근성 역시 훌륭한데도 아직 지정된 해수욕장이 없다는 건 이해할 수가 없다. 북쪽의 구룡포 해수욕장과 남쪽 감포쪽의 오류 해수욕장 사이 장기면 관내에는 대진리 해안과 신창리 해안, 양포리 해안, 계원리 해안 등 수심이 얕고 접근성이 좋으며 안전한 곳이 많다. 이번에 꼭 지정되어서 지금까지 포항시 최남쪽에 관광객 유치와 낙후된 장기면의 지역경제 활성화 및 발전에도 도움되기를 바란다.

포항시 관내 해수욕장

- 화진해수욕장
- 월포해수욕장
- 칠포해수욕장
- 영일대해수욕장
- 구룡포해수욕장
- 도구해수욕장

포항시 관내 해안선과 지정 해수욕장 현황

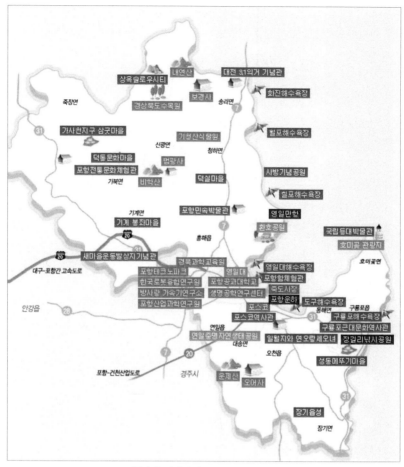

상옥슬로우시티 · 내연산 · 대전 3.1의거 기념관
죽장면 · 화진해수욕장
경상북도수목원 · 보경사 · 송라면
칠포해수욕장
가사천지구 삼굿마을
기청산식물원 · 신광면 · 청하면
덕동문화마을 · 사방기념공원
포항전통문화체험관 · 법광사
기북면 · 비학산 · 덕설마을 · 칠포해수욕장
포항민속박물관 · 영일만항
기계면 · 환호공원
기계 봉좌마을 · 흥해읍 · 국립 등대박물관
새마을운동발상지기념관 · 경북과학교육원 · 호미곶 관광지
대구-포항간 고속도로 · 포항테크노파크 · 영일대 · 영일대해수욕장 · 호미곶면
한국로봇융합연구원 · 포항공과대학교 · 포항함체협관
방사광 가속기연구소 · 생명공학연구센터 · 죽도시장 · 도구해수욕장 · 구룡모음
안강읍 · 포항산업과학연구원 · 포항운하 · 구룡포해수욕장
포스코 · 동해면 · 구룡포근대문화역사관
연일읍 · 포스코역사관
연일 중명자연 생태공원 · 일월지와 연오랑세오녀 · 장길리낚시공원
대송면 · 성동메뚜기마을
오천읍
포항-건천산업도로 · 운제산 · 경주시 · 오어사
장기읍성
장기면

포항시 홈페이지의 관내 주요 관광지도

이 밖에도 금락두 선생님의 의견에 따르면 장기면민들은 아래와 같은 여러 가지 희망이 있었다고 한다.

1. 장기일출공원 조성 - 신창리~고층(속칭-괴치)~영암리 - 놀이공원 독산 일대 및 일출암(날물치) 공원 조성
2. 월산 입구 수중보(고향 하천이 흐르는 하천 조성)

3. 장기유배문화촌 조성 – 현재 토지 매입 중(귀양 체험, 북문 폐도로 이용, 조롱막, 무지개 터널 등 조성)

4. 장기읍성 달빛 기행

5. 장기뉴스 발간

6. 장기성 밟기, 기왓장 이고(부녀회), 음악회

7. 양포항 어촌, 어항 복합공간 조성 – 막회거리 조성(아구탕), 아나고(바다장어)

8. 미나리, 고사리 단지 조성

9. 대진 앞바다 후리그물 체험

10. 임중리 새장터 장옥(창작촌 조성, 장인 공방 제공, 음식점 등)

11. 5일장 버스 임대투어(포항시청 차량)

12. 성내 주차장 앞 정자(다산초당 건립)

13. 서촌1리 및 면사무소 앞 읍성조감도 설치

14. 장기원님 부임식 재연(산딸기 축제 시)

15. 양포리 방파제, 담장 벽화(가능한 리동)벽화

16. 장기읍성 북문길 정비(뒷내서) 둘레길 포함

17. 양포 해상공원 언약의 나무(스테인리스) 자물쇠, 물양장 폐유람선 이용하여 수상위락시설 설치

18. 양포항 프러포즈 불꽃쇼(전광판) 번지점프, 방파제 우체통 및 풍경화

19. 장기산딸기, 대장금산딸기로 같이 사용

20. 장기에 보육원 설립

21. 계원~신창 간 현수교 설치, 산서~갈평 간 도로 개설

22. 장기숲 복원(우회도로와 구도로 사이 논), 출향 인사, 헌수, 장기숲 1평 갖기 운동 전개

23. 농어촌마을버스 운행

24. 장기중 운동장 – 축구, 야구장 개장(전지훈련) 및 별관교사, 숙소 개조

25. 봉수대 복원(뇌성산봉수, 복길봉수)

26. 국도 31호선 확·포장 공사

27. 장기면 대진리에 해수욕장 설치

28. 장기관방로 개설(노성산-장기읍성-복길봉수-두원리까지-감포읍과 연결)

29. 자전거 트레킹 코스

    1) 길등재 정상-대곡-학계 모포-구룡포 연결

    2) 길등재 정상 -고석사-읍성-신창

    3) 산서-만리성-수성-계원-두원-감포로 연결

〈장기향우회보 제28호, 2015. 11 원고 내용〉

4장

우리 고향과 우리말

지난여름은 유난히도 더웠다.

이럴 때면 파도소리 들리는 신창 앞바다에 몀 감고 자갈밭에 이리저리 뒹굴며 몸 말리던 생각이 난다. 옛 고향의 초가지붕과 현내 들판의 벼 이삭들. 멀리서 피어오르는 군불 때는 연기, 또 고향의 길가에 핀 야생화는 얼마나 힘들게 이 꽃을 피웠을까? 생각하면 더더욱 고향이 그립다. 지긋이 눈감고 안개 낀 바다 위로 나는 갈매기들로 멀리 그리움의 산수화를 그려보기도 한다.

고향이란 단어만 들어도 남극 펭귄의 '허들링'과 같이 엄마 품처럼 따뜻하고 아늑해 가슴이 저려 온다. 그냥 평범한 시골 마을인 고향이지만, 나에게는 찬내의 물소리, 작은 풀 이파리, 나무 한 그루가 나를 만들어 놓은 것이기에 소중한 것들이다. 친한 친구를 만나듯 그렇게 만나게 되는 나의 고향 풍경은 가슴속에 몰래 숨어서 핀 꽃처럼 살아 숨 쉬는 날까지 그리워할 고향이고, 눈 감으면 조용히 다가오는 고향의 내음이다.

일전엔 고향 선후배님들과 같이 산행길에 나섰다. 재경장기산악회가 결성된 지 6년 차가 되었지만, 거의 매달 한 번씩은 고향의 사람과 말, 음식을 오감으로 음미하고 선후배 간의 정을 쌓아나간다. 이날은 멀리 떨어지고 외로운 객지생활을 하면서도 여태 잊고 살던 우리 말, 고향 사투리를 맘대로 써 볼 수 있는 찬스가 주어지기에 늘 기다려진다.

정말 구수하고 맛있는 고향 음식과 함께 실제 시골동네에 온 듯

한 착각을 하게 된다. 누가 먼저랄 것도 없다. 그동안 잊고 지내던 사투리도 있지만 저런 사투리도 있었나 여겨질 말들도 들린다.

옹골지게 사투리를 간수하고 즐겨 쓰는 고향 사람들이 더욱 정감이 간다. 어릴 적 고향에서 생활하다 객지로 나온 고향 사람들은 먹고살기 위해 일상생활에서는 함부로 사투리를 사용하기가 어렵고 때로는 감추려고 노력도 해보지만 어딘가 어색해 금방 경상도 사람으로 들통나기 쉽상이다. 그러다 보니 서울말도 아니고 고향말도 아닌 어정쩡한 말투가 더 이상해 보인다. 어쩌다 오랜만에 고향 가서도 핀잔맞기 딱이다.

이쪽에 있는 친구는 "인드라"
저쪽에 있는 친구는 "전드라"
그쪽에 있는 친구는 "근드라"
고쪽에 있는 친구는 "곤드라"

고향 사투리를 들으면 마음이 푸근해지고 긴장이 풀리고 가슴이 뛰어 스스럼없는 공감대가 형성된다. 여기에 고향 음식까지 같이 먹으면 공감대가 훨씬 더해져 옛날에 뱉어내던 사투리가 저절로 나온다. 더구나 나이가 들수록 고향이 더 그리워져 산악회에 선배님들이 많이 나오신다. 장기산행을 자주하다 보니 고향 사투리를 안 쓰려고 애쓰던 지난 시절이 후회스럽기조차 하다.

흔히 경상도 사람들이 자기들끼리 장난치는데 옆에 있던 서울사람은 싸우는 줄 알았다는 얘기도 있을 정도로 산행 때는 왁자지껄

시끄럽기도 하지만 고향 사투리에 더 애착이 간다.

가끔씩 해외에 나가 보면 그곳에 오래 살고 있는 우리나라 사람이 우리말을 잊어버린 것을 보고 비웃기도 한다. 그러면서도 정작 우리는 고향 사투리를 잊어버린 사람들을 세련된 것인 양 받아들이는 모순 속에 살고 있다.

"갸가 가가?"

다른 사람은 도저히 이해가 안 되겠지만, 우리 고향 사람들끼리는 다 아는 문장이다. 상대방의 단어나 표현이 같으면 대화를 할 때 보다 빠르게 소통되므로 고향 사람을 만나면 기분이 좋다. 우리 고향 사람들은 쌍시옷 발음은 잘 못하기에 "씨발" 하는 게 "시발"이라고 힘없이 들려서 서울 사람들은 욕이 욕 같지 않다고 애교로 넘기기도 한단다. 나도 학교 수업시간에는 가급적이면 쌍시옷 발음이 안 들어가는 단어로 골라서 강의하는 편인데, 어쩌다 "가격이 싸다."라고 하면 한바탕 웃고 지나간다. 특히 우리 포항, 장기 말씨는 해병사단이 오랫동안 주둔하면서 좀 거칠기도 하고 급한 편이며 두세 사람만 모여도 주변 사람들이 싸우는 줄 착각할 정도다. 그래서 우리 고향 말투는 목소리가 크고, 무뚝뚝하고, 투박하고, 단어를 짧게 줄이는 경우가 아주 많은 편이다.

"할뱅교" "멍교?" "니끼가" "꼬장"
"니가 그카이 내가 그카지, 니가 않그케 바라 내가 말라꼬 그 카노."

또 말수가 적고 무뚝뚝하다. 출근할 때 "간대이~" 하면 끝이고, 퇴근해서는 "내데이~"로 끝난다. 그다음에 흔히 말하듯이 "알라는?", "묵자", "자자" 이게 전부다.

우리 고향 사투리에는 기역(ㄱ)을 지읒(ㅈ)으로, 히읗(ㅎ)을 시옷(ㅅ)으로 발음하는 경우가 많아서 '김'을 '짐'이라 하고, '김치를 '짐치'라 하며, '힘'을 '심'이라 하고, '형님'을 '성' 혹은 '성님', '혀'를 '쎄'라고 말하기도 하고, 아예 받침을 통째로 없애 버리는 묵음화 사투리도 많다. 아무리 생각해 봐도 고향 문디들은 문장이나 단어를 말할 때 많이 게으른가 싶다. 그래도 이런 단어들은 정감 있고 어릴 적 고향 집에서 형제들끼리 모인 거 같은 기분이 든다.

"문디", "궁디", "돌띠", "몸띠",
"깜디", "몽디" "달띠", "쌍디"

고향 사람들이 모인 인터넷 카페인 '장기사람장기학당(cafe.daum.net/jangi)'에 올라온 김승우 선배님의 글 내용은 실소를 자아내게끔 하는 실화로 알고 있다. 실명은 밝히지 않겠지만 그 내용을 소개해 보면 다음과 같다.

서울에 사는 장기 사람이 얼마 전에 고향 다녀왔다가 영덕에서 먹어본 대게 맛이 가시질 않아 포항죽도시장에서 장사를 하고 있는 친구에게 대게 한 상자를 배송해 주도록 전화로 부탁을 했다.

친구A: 어이, 친구야, 잘 지내나?
친구B: 그래, 잘 지내고 있다. 니도 올 여름에 덥아가 우예 지냈노?

친구A: 그래, 잘 지냈다. 그런데 친구야, 먼저 내려가 묵아 보이 맛있던데. 게 있잖아, 한 상자 사서 좀 보내 줄래? 그때 물아보이 한 상자에 15만 원 정도 한다던데….

친구B: 응, 그래. 걱정 말거라. 내 잘 포장해서 보내주께. 전에는 니 안 묵더니 요새 묵나?

친구A: 그래, 얼마 전에 영덕에서 묵아 보이 좋더라. 선물할 거도 아이까네, 다리 같은 거 좀 떨어져도 괜찮다. 우리 집에서 묵을 꺼다. 알아서 보내다오.

친구B: 알았다, 삶는 데 다리 떨어진 게 뭐 상관이고 걱정 말거라. 멋지게 포장해서 보내주께.

친구A: 그라모 보내 놓고 전화 주면 내 터미널에 나갈게.

이튿날 오후, 포항에서 전화를 받고 고속버스터미널에 가서 친구가 보내온 상자를 찾아 집으로 가면서 전화를 했다.

친구A: 와이래 무겁노? 친구가 또 날 생각해가 많이 넣었는가 보구나. 여보, 아래층 집에도 오라카라. 같이 나눠 먹자. 친구가 많이 보내 실컨 묵겠다!

친구A 부인: 알았어 예. 빨리 가지고 오이소.

무거운 상자를 들고 집에 도착하여 보니 식구들과 아래층 식구들이 혀를 내두르며 기다리고 있었다. 쉴 여가도 없이 포항에서 금방 온 대게를 맛보게 되었다고 상자를 풀어헤쳤다.

그런데 어이! 이게 뭐꼬!

대게를 먹겠다고 그 자리에 둘러앉았던 사람들이 뒤로 자빠졌다. 상자를 풀어보니 이게 뭐냐? 멍멍이 한 마리가 잘 삶아져 포장되어 있었다. 모두들 아연실색을 하고 뒤로 자빠졌다가 정신을 차리고 전화를 했다.

친구A: 야, 인드라야! 대게 보내라 했는데 도대체 이게 뭐꼬!

친구B: 뭐? 대게? 야, 인마야! 니 언제부터 서울 살았다고 게고? 그라모 기~라 캐야지! 아이고, 나 미치긋네.

언젠가 재경장기산악회에서 산행하고 내려오다가 재미있는 화두를 꺼냈다. 우리가 어릴 적 고향에서 땔감을 구하러 산에 가면 그 종류나 쓰임새에 따라 여러 가지의 땔감으로 구별하였는데 이제 모두 기억하기조차 어렵지만 어렴풋이 기억이 난다.

예전에 우리 고향말 중에 땔감만 해도 밥하는 양이나 솥의 정도에 따라 그 땔감의 종류도 달라야 하는데 화력에 차이가 나므로 많은 밥은 장작이나 뭉거리로 하고 아침 일찍 새벽에 1~2인분 밥할 때는 깔비 정도로 후후 불어 불 지피고, 잠깐씩 불 땐 것으로 여겨진다. 또 소죽 쑬 때 땔감이 따로 있고 손님 한두 분 잠깐 오실 때 쓰임새도 다르고 해서 우리 고향의 땔감은 종류나 용도나 화력이나 여러 가지로 구별하여 사용하였다.

요즘 가끔 TV 드라마에서 경상도 사투리를 흉내내는 것을 보면 차라리 저런 건 내가 더 잘할 텐데… 생각이 들 정도로 이상하게 한다. 이는 아마 다른 지역 사람들이 보면 경상도나 부산이나 모두 똑같은 사투리로 들리겠지만, 우리는 말하는 것만 들어봐도 부산 사람인지, 대구 사람인지, 안동 사람인지 구분이 된다. 심지어 포항지역과 경주지역의 억양이나 단어, 말투가 다른 것까지 알 수가 있다.

우리는 사투리라고 하지만 삼국시대 및 통일신라 시대에는 신라의 표준어로 통용되었을 것이다. 이는 일본 고대 4대 사서 중 하나인 『만엽집(萬葉集)』을 우리나라 학자가 신라 이두와 전라도, 경상도, 이북 방언으로 쉽게 풀어버린 사례가 있음으로 증명된다. 보통 사투리가 생긴 건 신라말이 경상도 사투리가 되었고, 백제말은 전라도 사투리에 기원을 두었다고 하므로 당시 신라의 역대 왕들을 우리 고향 사투리를 사용하였을 것이라 여겨진다.

국립국어원 표준국어대사전에서는 흔히들 말하는 '표준어'를 한 나라에서 공용어로 쓰는 규범으로서의 언어로, 의사소통의 불편을 덜기 위하여 전 국민이 공통적으로 쓸 공용어의 자격을 부여받은 말이기에 표준어는 공적인 영역에서 기준이 된다. 글로벌 시대에 우리나라의 K-POP이 많은 주목을 받고 있는 것처럼 좁게는 우리나라 내에서는 각 지방의 말이나 문화의 특색을 잘 살리고 가꾸어 나가면 될 것이다. 막연히 서울 문화를 한국 문화의 중심에 두고 지역 문화와 대비시키는 경향이 있다. 방언은 고장말, 표준어는 서울말인 까닭에 고장 문화가 모여서 한국 문화가 되어 K-POP을 이루는 것처럼 사투리라는 단어로 비하하지 말고 지방의 말, 방언이라 표현하여 각 지역의 특색을 정감 있고 섬세하게 표현한다고 생각하면 꼭 가지고 있어야 할 보물이 될 것이고, 나 자신은 죽는 날까지 버리지 말고 매일매일 사용하면서 갈고닦아 내 자식들에게 물려주어 고이 간직해야 할 고향말이 될 것이다.

다들 알고 있는 진달래꽃이란 시를 우리 방언으로 바꿔보자.

내 꼬라지가 베기 실타고 갈라카모
내 사마 더러버서 암 말 안코 보내 주꾸마
영변에 약산 참꽃
항거석 따다 니 가는 길빠다게 뿌리 주꾸마
니 갈라카는 데 마다 나뚠 그 꼬슬

고향 마을 신창 대양리 앞바다

사부자기 삐대 발꼬 가뿌래이
내 꼬라지가 베기 시러 갈라 카몬
내 사마 때려 쥑이삔다 케도 안 울끼다

　구수한 된장찌개가 끓는 고향은 내가 태어나고 자라난 곳으로서
내가 선택할 수 있는 게 아닌 운명처럼 주어진 것이다. 조그마한 방
에 큰 이불 덮고 모든 식구가 자리에 누워 발싸움하던 시절도 그립
고, 우리가 어릴 적 사용하던 우리의 고향말 속에는 행복이 있고,
추억이 담겨 있다. 그래서 찾아갈 고향이 있는 것도 행복이고, 빛바
랜 사진 속에서 추억을 그리워할 수 있는 것도 행복이다. 나는 다
음 달 장기 사람들을 만날 산악모임을 기다리고 있으련다.

〈장기문학 제3호. 2013. 10 원고 내용(일부 재편집하였음)〉

5장

교육의 시대적 배경과
장기초등학교 100주년을 맞이하며

예부터 당시의 장기현은 농어촌이 혼재하며 바다를 끼고 긴 해안선을 이루고 있으며, 한류와 난류의 영향으로 다양한 어장이 형성되어 왔다. 크고 작은 산천은 바다에 둘러싸여 절경을 이루므로 육당 최남선의 조선10경(朝鮮十景)에서도 경상도 포항 장기(長鬐)의 일출을 최고로 여겼을 정도로 옛날부터 우리 고장 장기는 경치 좋기로 유명하다. 현재 장기읍성에 자리하는 배일대(排日臺)는 고을 원님이 떠오르는 해를 보면서 국태안민(國泰安民)과 풍년을 기원하였던 곳이다. 우리 고장에서 발견된 유적이나 유물을 볼 때 구석기시대 이전부터 사람들이 생활하고 있었음을 알 수 있다.

장기의 행정구역을 역사적으로 보면 신라시대에 지답현으로 있다가 통일신라 경덕왕 때에 기립현으로 개칭하여 의창군(지금의 흥해읍)의 속현으로 있다가 고려 때 장기라 고치고 경주부에 속하게 되었다. 그 후 조선시대와 일제 강점기를 거치면서 구룡포, 대보와 동해면의 일부로 나뉘게 되어 지행면에서 개칭하여 지금의 장기면(長鬐面)이 되었다. 지형적으로는 구룡포에서 울산 경계까지 거리가 길게 뻗어 있는 관계로 '장(長)' 자를 또 이곳에 넓은 목장지대로 군마를 기르던 곳이라 하여 말갈기 '기(鬐)'자를 씀으로써 유래되었다는 '장기(長鬐)'는 설득력이 있어 보인다.

더구나 긴 해안선 지역을 따라 왜구가 자주 출몰하였다는 기록으로 볼 때 우리 고장의 주민들이 많은 괴롭힘에 노출되어왔고, 삼국시대는 신라의 수도 경주 도읍지를 방어하는 중요한 지리적 요충지 역할을 하였으므로 우리 고장은 정치, 경제, 사회적인 특성이 있

는 곳이라기보다는 군사기지로 그 역할을 다 하였던 고장이라 할
수 있다. 그래서인지 조선시대에는 한양에서 멀기도 하지만, 경치
좋고 무관이 현감으로 통치하는 고을이다 보니 벽지로 인정되면서
유배지로 되었으니 유교의 대가인 우암 송시열과 실학파의 태두인
다산 정약용, 영의정 김수흥 등 정치적으로 소외된 많은 인물들이
귀양살이 한 곳이기도 하다.

　이러한 지혜로운 선각자들에 의하여 자연의 이치와 선진문화
의 영향을 비교적 일찍 받게 된 우리 고장은 '충·효·예·의·지
(忠·孝·禮·義·智)'를 최고의 가치로 여기게 되었고, 특히 교육이 앞선
고장의 근원이 되었다.

조선시대 이전의 전통교육

어떠한 나라든 각기 다른 건국신화를 가지는데, 우리 민족도 고조선의 단군신화에 나타난 홍익인간(弘益人間) 정신은 민족정신과 교육제도의 틀과 본질적 목표를 규정하는 토대가 되었고, 삼국시대에는 유교와 불교, 도교의 외래사상을 받아들여 나름대로의 사상을 마련하였던 시기라 볼 수 있다.

신라에서는 화랑도 정신, 고구려는 경당과 태학 등 교육기관을 통하여 호국정신을 길렀으며, 백제는 이러한 유교 정신을 발전 승화시켜서 일본으로 전파하였다. 그리고 결국 신라통일로 이끈 사상적 배경으로 호국불교 사상이 널리 퍼져 원효의 등장으로 불교 대중화에 앞장선 것도 역사적 의의가 있다고 보여지며, 이러한 기본 정신은 고려와 조선으로 계승되었다고 본다. 그래서 고려시대의 숭무(崇武)와 호국정신은 인재등용과 국가운영을 위한 통치이념이 되어 오늘날 우리 민족의 전통적 정신이고 조선과 근·현대 한국인의 사상적 기반이 되고 있다.

고려에 이어 조선시대는 유교 국가를 지향하여 세계의 변화에 부응하지 못한 면이 있으나 성균관과 지방의 향교, 서원은 삼강오륜의 교육이념과 성리학이라는 철학적 체계를 정착시킨 면도 있었다. 더불어 이 시대의 성리학. 선비정신, 실학 동학사상은 이후 근대적 사회발전의 원동력이 되었다고 본다.

조선시대의 향토교육

조선시대의 교육기관으로는 마을마다 서당이라는 사설 교육기관을 필두로 향교, 서원, 관학, 종학, 성균관 등 당시의 교육체계를 갖추고 여러 기관이 있었다. 성균관은 서울에 설립된 최초의 국립교육기관이었으며, 서울에 사학과 각 고을마다 향교와 서원이 있었고, 각 마을에는 서당이 개설되어 있었다. 특히 1550년 소수서원(紹修書院)이 처음으로 설립된 이후 서원은 전국 각 고을 교육의 장이 되었고, 특히 우리 장기에는 11곳의 서원(書院)과 9곳의 재(齋)가 지금도 그 형태를 보존하고 있음을 볼 때 우리 고장의 높은 교육열을 대변하고 있다.

당시 장기의 유림들은 우암 송시열 선생을 기리는 죽림서원(竹林書院)(1707)을 건립하였고, 이후 이 고장은 글을 즐겨 읽는 풍토가 조성되었으며 지금도 읍내리에 서원마을이 남아있다. 또한 다산 정약용은 220일간의 장기의 유배기간 동안 학술적인 저서와 많은 시작(詩作)을 남겨 우리 고장이 문화와 교육적인 면에 앞서갈 수 있는 터전을 마련하기도 하였다. 특히 교육적 인간상으로 자기수양 능력을 닦고 천하와 국가를 위하여 실천하는 생각을 한 실학적인 정신을 볼 수가 있다. 이렇듯 죽림서원을 비롯한 많은 서원들은 장기고을

의 사립교육기관으로서 한적하고 경관이 좋은 곳에 자리하였고 향
교, 서당과 더불어 기본적인 학문과 인간적이고 가치관적인 윤리규
범 교육을 맡아왔다.

장기향교 전경

국가교육기관으로써 성균관은 고려 말기까지 개성에 있었으나 조
선왕조가 건국된 이후 태조 7년(1398년)에 한양으로 옮김과 동시에
전국 360개의 향교가 설치되었다.

향교는 독립교육기관으로 역할을 하여 중앙과 지방의 교육체계가
확립되었으며, 조선시대 유교교육 중심의 역할을 하게 되었다. 이때
우리 고장의 장기향교도 건립되었다고 추측된다. 물론 창건에 관한
자료는 현재 남아 있지는 않지만, 대체로 향교의 역사는 그 읍의 역

사와 궤를 같이하고 있음에 비추어 볼 때 고려 인종조 처음으로 지방에 향교가 설립되기 시작하여 고려 말까지는 전국의 큰 읍에만 향교가 건립되었고, 그 후 조선조에 들어와서 태조 이래 일읍일교 (一邑一校) 정책으로 전국에 향교가 설립되기 시작하여 성종조 무렵에 전국적으로 지방에 향교가 확고하게 자리잡았다.

경상북도에는 현재까지 43곳의 향교가 전해지고 있는데, 우리 고장 장기향교의 건립은 조선조 태조 5년(1396)에 창건하였다고 전해지고 있으나 이를 확인할 수는 없다. 다만 『신증동국여지승람(新增東國興地勝覽)』에서 현의 남쪽 2리에 있다고 하였고, 또 다른 기록으로 『경상도읍지(慶尙道邑誌)』의 '장기읍지'에서 구 읍치(舊 邑置)는 현 남쪽 2리에 있고, 현의 동쪽 2리에 구(舊) 향교가 있다고 한 것으로 볼 때 이는 지금의 마현리(馬峴里)에 이미 향교가 건립되어 있었음을 미루어 짐작할 수 있다. 지금의 마현리 지명 중에 명장리(교동)는 향교가 있었던 곳으로 문장가가 많이 나왔다 하여 불리었다.

이후 장기향교는 선조 25년(1592)에 발발한 임진왜란으로 인해 소실되는 많은 피해를 입게 되어 선조 33년(1600)과 광해군 11년(1619)에 연이어 중건하였고, 나중에 서극인(徐克仁)은 성위판(聖位板)을 수호하여 봉사(奉事)를 받았고, 이대임은 8현 위판을 수호하였기 때문에 훈도(訓導)에 제수되었다고 기록하고 있다. 또한, 장기향교는 숙종 원년(1675)에 2차 중건을 하였으며, 다시 정조 9년(1785) 현감 황익진 (黃益鎭)에 의하여 마현행단(馬峴杏壇)으로 이건하였다고 하는데 이는 현재 장기초등학교에 심어져 있는 은행나무 주위를 뜻함이 아닌가 여겨진다. 문화재청 자료에 의하면, 임진왜란 이후 향교를 옮겨 건립할 때 임중리에 있는 유허비각인 덕미각(德美閣)이 기리는 덕계 임재화(德溪 林再華)가 대대로 살던 자기 집터를 희사(1785년)하여 향교재건에 크게 이바지하였다고 함을 볼 때 이는 타당성이 있다고 보인다. 당시는 임진왜란 후 나라의 중앙재정과 지방재정이 어려워졌으나, 각 지방향교의 운영을 위해서는 향교의 교사(校舍) 등 시설물의 유지보수, 교수관(教授官)의 후생비, 교생의 숙식비, 기타 학업에 대한 제반비용 등 재정적 지원이 절실히 요구되었기 때문일 수도 있었을 것이다.

그 후 조선조 말 고종 때 장기군수 김영수가 향사들과 함께 읍성 내에 있던 구(舊) 객관(客官)을 수리하여 명륜당을 만들고 대성전을 새로 건립하여 위패를 옮겨 안치하였다가 1922년에 현 위치인 읍내리 장기읍성 내로 이건할 수 있게 되었다. 장기읍성은 고려 현종 2년(1011) 당시에는 흙으로 성을 쌓았으나, 조선시대에 와서 돌로 성을 다시 쌓았다고 한다. 당시 우리 고을의 교육기관 역할을 충실하게 수행한 장기향교는 나라에서 토지와 노비, 책 등을 지원받아 학생들을 가르쳤다. 역사에서 보듯이 우리 고장의 교육과 학문 진흥을 후세에까지 면면히 전해주는 현장이 되었지만, 지금은 교육 기능은 없어지고 제사 기능만 남아 있다.

개화기의 서구교육 도입

　이후 조선말 개화기의 교육은 민족문화의 보전과 외래문화의 수용이란 커다란 틀에서 신교육의 발달과 근대학교의 설립과 전개과정, 신학문, 신교육의 도입으로 인한 사회적 갈등과 저항 그리고 사학 정신과 교육구국운동을 전개하였다.

　개화기는 일반적으로 1876년의 개항부터 1910년 한일병합에 이르는 시기로 보고 있다. 조선은 1876년 문호 개방에 대한 준비가 되지 못한 상태에서 일본과 불평등하게 강화도조약을 체결하게 되었고, 이를 계기로 강압적인 태도로 문호를 개방을 요구해오던 미국(1882년), 영국(1882년), 독일(1882년), 러시아(1884년), 이탈리아(1884년), 프랑스(1886년) 등 서양의 강대국들과 차례로 통상 조약을 맺었다. 이 시대는 갑작스레 문호가 개방되면서 거침없이 흘러들어온 낯선 서구의 문화와 문명은 500년 왕조 사회를 유지해온 조선 사회에 상당한 충격이었고 당시의 교육 사회에서도 새로운 시대에 맞는 새로운 교육기관이 필요하다는 여론이 일게 되었다. 그래서 한국 근대교육의 전개과정은 갑오개혁(1894~1895) 이후 조선의 주체적인 교육 근대화의 추세가 일제에 의해 억압되고 식민지 교육체제가 형성되는 과정으로 요약할 수 있다.

고종 13년(1896)에 맺어진 병자수호조약(丙子修護條約) 체결은 정치·경제·사회·문화·교육 등 나라 전체가 모두 근대 체제로 전환하는 중요한 분기점이 되었고, 문호를 개방하게 되자 일반 지식인들도 근대적인 새 문화 도입에 관심과 노력을 갖게 되었으나 한편으로는 전통문화를 그대로 수호하려는 보수파와 대립과 분쟁이 생기기까지 하였다.

또한, 근대 체제로 전환하는 과정에서 1894년 과거제도 폐지로 인해 유생을 포함한 선비들에게는 유교 경전을 줄줄 암기하던 기존의 학습방법으로 과거시험만 합격하면 출세 가도에 접어들던 미래가 한꺼번에 사라져 버리게 되었다. 이들에게는 안 된 일이지만 새로운 근대적 교육제도 속에서 탄생한 학교라는 공간은 더 많은 민중들에게 새로운 희망을 안겨주게 되었고, 이러한 근대적 교육이 평민층으로 확대되고 근대문명의 충격으로 교육을 통한 애국계몽운동에 대한 자각이 높아짐으로써, 1907년 미국에서 돌아온 도산 안창호 선생은 전국 방방곡곡에 학교를 세울 것을 역설했다. 근대적 교육이 신교육이라는 이름으로 그 제도와 사상이 점차 토착화되기 시작한 시기의 근대 초기학교(1894~1910년)는 교육이 정치적 상황과 밀접하게 연관되어 있어 단순한 교육기관을 넘어서 새로운 세상을 만들어 가려는 사람들의 욕망이 들끓었던 곳으로 여겨졌다. 그래서 100년 전 전국은 서구 문명의 수입을 통하여 부국강병의 목표를 실현하고자 학교는 우후죽순처럼 창설되었고, 당시의 학교는 새로운 시대를 이끌어갈 학생들을 교육함과 동시에 서구적 풍속과 문화를 제공하는 장소로서 역할을 충분히 수행했다.

일제강점기 장기의 교육

　1876년에 체결된 한일수호조약을 기점으로 일제는 한국침략에 대한 야욕을 노골화하였고, 이후 1895년의 청일전쟁과 1904년의 러일전쟁을 감행하여 아시아에서 절대적인 강자의 지위를 갖게 되고, 특히 한국 땅에서는 특수권익을 차지하게 되었다. 그리하여 결국 1905년 을사보호조약을 체결하고 우리나라를 합병하기 위한 준비를 하면서부터 사실상 한국에 대한 식민지 지배를 시작했다고 보아야 할 것이며, 이때를 기점으로 교육에서도 많은 변화를 보이기 시작한다. 1906년 2월 통감부 설치와 더불어 이미 한민족에 대한 교육지배에 돌입하여 한국인의 민족의식과 그 문화와 역사를 온전히 말살하려는 정책을 취하였다.

　즉, 일제는 우선 통감부를 설치하여 교과서에 대한 탄압 등을 토대로 그들 나름의 식민지 지배 준비를 하기 시작하였고 갑오개혁 정부의 법 제도를 의도적으로 단절하면서 모든 교육관계 법령을 다시 공포하여 일본인의 그것과 차별화한 후, 친일 반민족교육의 제도적 터전을 공고하게 다져 놓은 상태에서 총독부가 이를 계승한 것이다. 그들의 교육 목표는 완전한 식민지 국민 양성에 있었다. 합방과 동시에 각급 학교장은 일인(日人)으로 임명하고 교원은 제복(制服)

에 착검(着劍)하고 일인과 조선인의 자제에게 차별교육을 실시하면서 교육기관은 일어(日語) 해독을 할 정도의 보통교육과 성급한 기술 양성을 위한 실업교육에 중점을 두었다.

일제의 한반도 식민지배정책은 무력에 의한 강제지배를 넘어 궁극적으로 민족 말살책을 기도하였고 한국 민족문화를 왜곡 폄하하고 민족 언어의 사용을 금하여 민족 정체성의 모든 싹을 배제하기 위한 온갖 술책을 동원하였다. 일본은 이후 헤이그 밀사사건을 트집 잡아 고종을 퇴위시키고, 이완용을 수반으로 하는 친일내각을 구성하고 일진회라는 민간단체를 조직하게 만들어서는 일제의 침략행위를 뒷받침하게 하였다. 1909년 10월에는 젊은 청년인 안중근이 이토히로부미(伊藤博文)를 저격함으로써 일제는 결국 한국군대를 해산하고 형식적인 어전회의를 열어 한일합방을 의결케 하고 1910년 8월 29일 합방조약을 공포하였으니 이것을 우리는 지금 경국술치라 부르고 있다.

이러한 일제의 교육정책은 1908년 8월 '사립학교법'을 공포하여 이들 사립학교의 교과서를 통제하고 그 설립 자체를 인가제로 바꾸고 이미 설립된 사립학교들도 6개월 이내에 재인가를 받도록 함으로써 1910년 한일합방까지 전국에 불과 2,250개교만 설립인가를 받게 하였다. 이 시기에 벌써 장기초등학교를 비롯한 인근 포항 관내지역에 포항중앙, 연일, 흥해, 청하 초등학교가 설립되었으므로 우리 고장의 교육열은 상당히 앞서 있었다.

장기초등학교의 설립 과정을 살펴보면 장기군수 김영수는 일본인

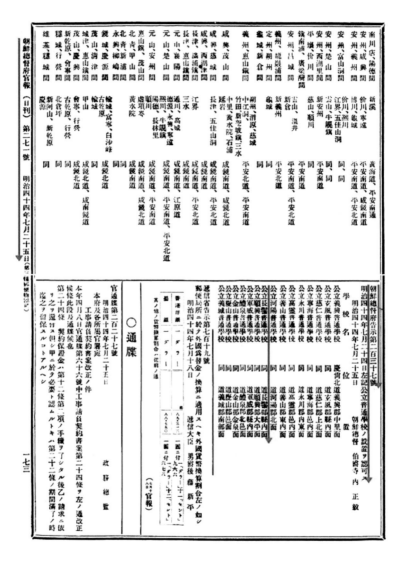

현 장기초등학교 설립인가 당시의 조선총독부관보(1911.07.25)

과 대항하기 위한 민족운동 일환으로 사재를 희사하여 당시 곡물창 고지인 현 장기초등학교 위치에서 장명사립학원을 설립하고 1910년 4월에 처음으로 46명의 학생을 모집하여 조선어(국어), 역사, 지리, 유교 등을 교육하게 되었으나 이듬해인 1911년(明治44年) 7월 25일 자 조선총독부관보(朝鮮總督府官報)에 의하면 경상북도 장기군 현내면에 장기공립보통학교[4]와 전국 15개 학교가 인가 설립되면서 개명 혹은 강제합병하고 일본어 보급교육을 하게 되었다. 그렇다면 본교의 개 교 100주년은 2011년이 아니라 2010년 4월이 되어야 함이 아닌가 여겨지기도 한다.

그 후 1913년 8월 7일 자 조선총독부관보에 의하면 당시 주소가 장기군 내남면 안포리(長鬐郡 內南面 安浦里)인 현재의 감포읍 감포리에 감포공립심상소학교(甘浦公立尋常小學校)[5]의 설치를 인가하였고, 1937

---

4 1911년 07월 25일 [明治 - 271호] (3 ~ 3면)
  • 제목: 明治44年7月24日左記公立普通學校ノ設置ヲ認可ス
  • 부제: 朝鮮總督府告示第237號
  • 내용: 公立義興普通學校, 公立玄風普通學校, 公立慈仁普通學校, 公立寧海普
    通學校, 公立永川普通學校, 公立高靈普通學校, 公立善山普通學校, 公立河陽
    普通學校, 公立長鬐普通學校, 公立順興普通學校, 公立軍威普通學校, 公立醴
    泉普通學校, 公立金山普通學校, 公立慶山普通學校, 公立義城普通學校 설치
    가 인가되다.

5 1913년08월 04일
  • 제목: 甘浦公立尋常小學校 감포공립심상소학교(長鬐郡 內南面)
  • 출처: 朝鮮總督府官報 1913.8.7
  • 내용: 甘浦公立尋常小學校(長鬐郡 內南面 安浦里)의 設置를 認可하다.

년 7월 24일 자 조선총독부관보에 장기공립보통학교 부속으로 계원간이학교[6]가 설립인가 되었다가 1942년에 6년제로 승격되었다. 해방 이후에는 산서(1946년), 양포(1947년), 봉산(1949년)초등학교가 차례로 설립되었다. 뿐만 아니라 1915년 3월에 건립된 장기교회(대한예수교장로회)도 장기지역의 교육과 지역민의 의식개혁, 농촌사회의 계몽에 공헌한 바 크다고 볼 수 있다.

이 시기에 일제는 보다 적극적인 식민지 교육체제를 형성하기 위하여 1911년 8월에 일제의 칙령으로 '조선교육령'을 제정 공포하였다. 구한말의 교육체계를 식민교육체제로 바꾸기 위한 강력한 조치였으며, 심지어 교단에 대검을 찬 교원이 나타나기도 하였다. 1차 조선교육령의 요지는 제1조에서 조선에 있는 조선인의 교육에 적용된다고 하여 법의 대상 범위를 밝히며 교육은 교육칙어(敎育勅語)의 취지에 따라 충성스런 일본 제국의 국민됨을 목표로 하였다.

교육칙어란 일본 국가주의 교육의 대강을 천명한 명치유신 시절의 산물이며, 1968년 12월에 공포된 우리 국민 교육헌장의 성격과 유사한 것이다. 일제총독부는 사립학교에 대한 통제를 계속하여 사립학교가 1920년에는 617개, 1940년에는 270개로 명백만 유지하도록 통제하였다.

---

6 1937년 06월 30일
- 제목: 慶北 迎日에 長鬐公立普通學校 부설
- 출처: 朝鮮總督府官報 1937.7.24
- 내용: 慶北 迎日에 長鬐公立普通學校 부설 溪院簡易學校가 설립 인가되다.

연도	공립보통	사립보통	고등보통	여자고보	농업학교	상업학교	공업학교	각종학교	서당
1910	22	5	-	-	1	-	-	89	1,254
1918	49	1	1	-	1	-	-	36	1,623
1929	161	5	1	1	1	1	1	8	547
1934	210	5	1	1	1	1	1	?	331

일제 초기 경상북도 각급 학교 설립 현황(출처: 경상북도사 <중권>, 1983, 230p.)

대구 대 구 1906. 9	대구수창 1914. 6	대구여자 1919. 6
달성 현 풍 1911. 8	달 성 1918. 5	화 원 1921. 2
군위 군 위 1911. 7	의 흥 1911. 7	산 성 1920. 10
의성 의 성 1911. 11	비 안 1912. 3	점 곡 1920. 6
안 계 1921. 7		
안동 안 동 1911. 3	예 안 1912. 4	도 산 1918. 9
풍 남 1919. 9	일 직 1921. 1	임 하 1921. 2
임 동 1921. 1		
청송 청 송 1912. 4	진 보 1912. 5	화 순 1921. 2
영양 영 양 1911. 3	석 보 1920. 4	
영덕 영 덕 1912. 4	영 해 1910. 6	
영일 장 기 1911. 9	연 일 1909. 5	포 항 1917. 4
흥 해 1912. 4	청 하 1912. 4	기 계 1921. 5
경주 경 주 1907. 4	양 동 1913. 6	건 천 1921. 4
전 촌 1921. 10		
영천 영 천 1911. 7	신 녕 1912. 4	자 천 1912. 7
경산 경 산 1911. 7	하 양 1912. 11	자 인 1911. 7
용 성 1921. 9		
청도 청 도 1911. 3	금 천 1919. 6	
고령 고 령 1911. 9		
성주 성 주 1911. 4	가 천 1920. 5	
칠곡 왜 관 1915. 9	칠 곡 1912. 4	인 동 1912. 4
김천 김 천 1911. 9	지 례 1912. 4	개 령 1912. 4
봉 계 1919. 10		
선산 선 산 1912. 7	구 미 1920. 2	
상주 상 주 1909. 6	함 창 1912. 4	옥 산 1920. 12
예천 예 천 1911. 4	용 궁 1912. 4	
문경 문 경 1912. 4	용 암 1921. 4	
영주 영 주 1912. 3	풍 기 1911. 3	순 흥 1911. 9
평 은 1921. 9		
봉화 내 성 1914. 5	춘 양 1912. 3	
울릉 울 릉 1913. 3		

1921년까지의 경상북도 내의 보통 학교 설립 현황

그러나 이들 사립학교에서 배출된 학생들이 이후에 3·1운동과 각종 항일운동을 하는 인적자원이 되었다. 이는 뜻밖에 3·1운동으로 인한 사태에 접한 일본의 위정자들은 그들이 무력으로써 한국민을 통치할 수 없다는 사실을 깨닫고 종래의 무력정책에서 문화정책을 표방하기도 하였다.

이후 일제강점기 동안 조선교육령을 총 3번에 걸쳐 개정하였으며 그때마다 한민족을 일본에 동화시키기 위한 정책이었다.

조선교육령은 30조항으로 구성하였는데 그 전문은 다음과 같다.

[조선교육령]

제1강 강 령

제1조 조선에 있는 조선인의 교육은 본령에 따른다.

제2조 교육은 교육에 관한 칙령에 입각하여 충량한 국민을 육성하는 것을 본의로 한다.

제3조 교육은 시세와 민도에 적합하게 함을 기한다.

제4조 교육을 크게 나누어 보통교육, 실업교육 및 전문교육으로 한다.

제5조 보통교육은 보통의 지식, 기능을 주고 특히 국민된 성격을 함양하며, 국어(일본어)를 보급함을 목적으로 한다.

제6조 실업교육은 농업, 상업, 공업 등에 관한 지식과 기능을 가르침을 목적으로 한다.

제7조 전문교육은 고등한 학술과 기예를 가르침을 목적으로 한다.

제2강 학 교

제8조 보통학교는 아동에게 국민교육의 기초가 되는 보통교육을 하는 곳으로서 신체의 발달에 유의하고, 국어(일어)를 가르치며, 덕육을 베풀어 국민된 성격을 양성하고 그 생활에 필요한 보통지식과 기능을 가르친다.

제9조 보통학교의 수업연한은 4년으로 한다. 단, 지방 정황에 따라 1년을 단축할 수 있다.

제10조 보통학교에 입학할 수 있는 자는 나이 8세 이상자로 한다.

제11조 고등보통학교는 남자에게 고등한 보통교육을 하는 곳으로서 상식을 기르고 국민된 성격을 도야하며 그 생활에 유용한 지식과 기능을 가르친다.

제12조 고등보통학교의 수업연한은 4년으로 한다.

제13조 고등보통학교에 입학할 수 있는 자는 나이 12세 이상으로서 수업연한 4년의 보통학교를 졸업한 자 또는 이와 동등 이상의 학력을 가진 자로 한다.

제14조 관립고등보통학교에는 사범과 또는 교원속성과를 두어 보통학교의 교원이 되려는 자에게 필요한 교육을 할 수 있다. 사범과의 수업연한은 1년, 교원속성과의 수업연한은 1년 이내로 한다. 사범과에 입학할 수 있는 자는 고등보통학교를 졸업한 자로 하고, 교원속성과에 입학할 수 있는 자는 나이 16세 이상으로 고등보통학교 제2학년의 과정을 수료한 자 또는 이와 동등 이상의 학력을 가진 자로 한다.

제15조 여자고등보통학교는 여자에게 고등한 보통교육을 하는 곳에서 부덕을 기르고 국민된 성격을 도야하며 그 생활을 유용한 지식과 기능을 가르친다.

제16조 여자고등보통학교에 입학할 수 있는 자는 나이 12세 이상으로서 수업연한 4년의 보통학교를 졸업한 자 또는 이와 동등이상의 학력을 가진 자로 한다.

제17조 여자고등보통학교에는 기예과를 두어 나이 12세 이상의 여자에게 재봉 및 수예를 전수하게 할 수 있다. 기예과 수업연한은 3년 이내로 한다.

제18조 여자고등보통학교에는 사범과를 두어 보통학교 교원이 되려는 자에게 필요한 교육을 할 수 있다. 사범과의 수업연한은 1년으로 한다. 사범과에 입학할 수 있는 자는 여자고등보통학교를 졸업한 자로 한다.

제20조 실업학교는 농업, 상업, 공업, 실업에 종사하려는 자에게 필요한 교육을 하는 곳으로 한다.

제21조 실업학교를 나누어 농업학교·상업학교·공업학교 및 같이 실업학교로 한다.

제22조 실업학교의 수학연한 2년 내지 3년으로 한다.

제23조 실업학교에 입학할 수 있는 자는 나이 12세 이상으로서, 수업연한 4년의 보통학교를 졸업한 자 또는 이와 동등 이상의 학력을 가진 자로 한다.

제24조 간이실업학교의 수업연한 및 입학자격에 관해서는 전조의 규정에 따르지 않고, 조선총독이 정한다.

제25조 전문학교는 고등한 학술과 기예를 교수하는 곳으로 한다.

제26조 전문학교의 수업연한은 3년 내지 4년으로 한다.

제27조 전문학교에 입학할 수 있는 자는 나이 16세 이상으로서 고등보통학교를 졸업한 자 또는 이와 동등 이상의 학력을 가진 자로 한다.

제28조 공립 또는 사립의 보통학교, 고등보통학교, 여자고등보통학교, 실무학교 및 전문학교의 설치 또는 폐지는 조선총독의 허가를 받아야 한다.

제29조 보통학교, 고등보통학교, 여자고등보통학교, 실업학교 및 전문학교의 교과목 및 그 과정, 직원, 교과서, 수업과에 관한 규정은 조선총독이 정한다.

제30조 본장에 열거한 이외의 학교에 관해서는 조선총독이 정하는 바에 따른다.

이후 1919년부터 4년간은 3개 면에 1개교를 표준으로 삼았으나 1929년부터 8년간은 일면일교(一面一校)를 목표로 증설하는 한편, 이와 병행하여 수업연한을 연장하였다. 또한 1938년 3월에는 세 번째로 교육령을 개정하였는데 그 중요 골자는 교명을 일인학교와 똑같게 보통학교를 심상소학교(尋常小學校)라 하고 천황제 이데올로기를 중심으로 한 학교의식과 신사참배가 강요되었다. 교육과목도 조선어를 선택과목으로 하였는데 이것은 결국 한글 폐지를 의미한 것이며 소위 삼대 교육방침이라 하여 국체명징(國體明澄), 내선일체(內鮮一體), 인고훈련(忍苦訓練)을 모든 학생들에게 전시 사상교육으로 시행하여 황국신민의 교육을 철저하게 시행하였다. 1941년 4월에는 소학교를 국민학교라 개칭하고, 1943년 10월 4차로 개정된 교육령에 따라 교육체제를 전쟁 수행을 위한 군사 목적에 부합되도록 개편하였다. 이 령은 교육에 관한 전시비상조치령으로 국민학교는 대륙침략에 이용하는 병사의 준비와 관련해서 의무교육제의 준비를 실시하도록 하고 있다.

국체명징(國體明澄), 내선일체(內鮮一體), 인고훈련(忍苦訓練)

장기공립보통학교 제29회 졸업식

이후 일본은 1931년 만주사변을 일으키고 만주국을 수립하면서 중일전쟁을 하게 되었지만 광대한 중국지역에 빈약한 일본병력으로는 큰 중압감을 느끼지 않을 수 없었다.

결국은 3·1운동 후 비교적 온건하던 정책을 바꾸고 공포정치를 하면서 전쟁 수행을 위한 물가를 한국에서 제공하게 되므로 인적자원의 병력과 노동력 심지어 위안부 행태의 제물이 될 수밖에 없었다. 뿐만 아니라 일제 말기에는 우리의 말과 글을 빼앗고, 한국인의 성(姓)까지 바꾸도록 하여 역사와 문화. 종족과 혈통을 말살하고 영원히 한국을 지배하려는 악랄하고 야만적인 36년간의 식민정책을 감행하여 인간 이하의 수모를 겪기에 이르렀다.

광복 이후의 교육

　1945년 8월 15일, 일본은 미국의 원폭으로 결국 무조건 항복하기에 이르렀고 우리나라는 해방이 되었다. 해방 이후의 교육이념과 학교 교육은 미국식 교육이론과 방법으로 서구화의 성향을 가진 교육세력이 미국을 모델로 한 교육이념과 학제를 만들어 내게 되었다.

　일제의 식민지 교육은 해방정국을 맞이하여 청산의 대상이 되었지만, 역설적으로 친일세력들이 다시 지배계층으로 부상함에 따라 교육에 있어서도 일제의 잔재를 청산하지 못하는 결과를 초래하였다. 같은 해 11월 23일 조선교육심의회를 구성하여 홍익인간을 한국의 교육이념으로 채택하고 6-3-3-4의 단선형 기간학제를 제정하는 등 정부수립 후 우리나라의 초등교육은 교육의 기틀을 마련하고 홍익인간 이념에 의한 애국애족 교육과 일제의 잔재를 없애는 데 중점을 두고 국민교육을 정상화하게 되었고, 이후 발전을 거듭하여 오늘날의 민주적 민족교육에 이르고 있다. 아직도 교육에 남아 있는 일제식민지교육의 잔재 중에는 학교에 등교하여 선생님께 '차렷, 경례'라는 반장의 구령에 따라 학생들이 교사에게 인사하는 습관은 일제가 교육의 기본 전제로 삼고 있던 군국주의의 영향이라고 생각된다. 또 매일 아침 교문에서 하는 복장·용의 지도 역시 일

1940년대 장기초등학교 모습

1960년대 장기초등학교 모습

제의 전체주의적 국민통제와 닮은 모습이고, 옛날 애국조회 형태의 운동장 조회도 일제의 잔재라고 보인다.

이러하듯이 우리 고장 장기는 오래전부터 충효예의지 가르침을 받아온 것으로 널리 알려진 터라 참다운 장기인을 길러내고 선각자들의 유지를 받들어 국가와 지역발전을 위하는 참된 교육문화가 지난 100년뿐만 아니라 앞으로 다가올 100년도 살아있는 곳이라 할 수 있어야 한다.

2000년대 현재 장기초등학교 모습

현재의 장기초등학교 교정과 왼쪽에 우암 송시열 선생이 심었다는 은행나무가 보인다.

장기초등학교에 있는 우암 송시열 선생이 심었다는 은행나무

시골 어느 유배지였던 장기라는 곳.
거물들의 유배로 한양 문물과 교육문화를
어느 곳보다 일찍 깨달은 그곳에는
우암이 심었다는 은행나무가 있다.

100년을 맞이하는 장기초등학교 교정.
속이 텅 빈 고목에는 신기한 세상이 있다.
한 알의 씨앗이 자라, 뭇 사람들의 쉼터가 된 고목은
찾아오는 이들에게 희망을 나누어준다.

늘 변함없이 그 자리에 있는 고목은
고향처럼 푸근한 안식처이고,
엄마의 품이 되어준다.

봄만 되면 고목이래도
여린 가지에 연둣빛 이파리가 솟아오르듯
갑자을축 다 지나도 항상 새롭고 밝은 맘으로
희망을 인생 싹터 오르면 무언들 못하리오.

장기초등학교 교정에 나란히 건립된 우암 송시열 선생, 다산 정약용 선생의 사적비

장기초등학교 100주년을 맞이하면서 옛 서랍을 정리하다가 몇 장의 낡은 사진을 발견하였다. 모친(오재득 장기초등학교 제34회 졸업)께서 일제강점기 시절에 장기공립보통학교를 다니면서 3학년(1943년) 겨울에 여학생들끼리 실내청소를 하다가 추워서 웅크리고 사진을 찍었다고 한다.

〈장기초등학교 100년사, 2011, 12 원고 내용〉

'迎日長鬐公普(영일장기공보) 學級增設運動(학급증설운동)' 동아일보, 1936년 6월 25일 기사

'長鬐普校(장기보교)의 學級(학급)을 增設(증설)
하라' 동아일보, 1936년 8월 15일 기사

'長鬐勤勞夜學(장기근로야학)'
동아일보, 1926년 1월 16일 기사

6장

나무하러 가는 날

최근 추석이 예년에 비해 빨라 더운 날씨에 차례 음식이 쉬 상하는 일이 있었다. 우리 어릴 적엔 추석 때만 되면 뭐가 그리 기분 좋은지 그저 들뜬 며칠이 지나고 나면 평소에 보지 못한 먹음직한 과일이며 전 종류도 많아 몰래 실컷 훔쳐 먹고 배탈이 나곤 했다. 추석 때 선선한 기운 지나고 바쁜 일손 끝나면 일 년 농사일이 거의 마무리되는데, 이때부터는 겨울 지낼 동안 입고 먹을 것과 땔 것을 걱정한다. 바로 추운 겨울나기 대비해서 김장과 땔감 장만이었다. 김장이야 온 가족이 다 나서서 무, 배추 뽑고, 썰고, 절여 하루 이틀에 끝낸다. 하지만 땔감 장만하기는 금방 끝날 일이 아니라 겨울 내내 틈틈이 지게 하나씩 지고 인근 산으로 나무하러 가는 모습을 쉽게 볼 수 있었다.

지게 지고 나무하러 가는 소년들

주로 땔감 장만은 추수 이후 일 년의 농사일이 거의 마무리되는 음력 9월 말~10월 초 이후에 많이 했다. 일 년 동안 사용할 땔감을

장만하는 것은 남자들의 가장 큰 일이었다. 그래야만 군불 땐 구들
목에서 따뜻한 겨울을 날 수가 있었다. 또 작은방 하나에 옹기종기
모여 앉아서 아랫목에 이불 하나 깔아놓고 발싸움을 하기도 하고,
윗목 화롯불에는 고구마 익는 냄새에 다들 침만 삼키며 기나긴 겨
울밤은 그렇게 저물어 갔다. 이런 풍경들이 우리가 살아온 고향 마
을에 바람 쌩쌩 부는 날 따뜻한 구들목의 겨울나기이다.

화덕 가마솥의 콩깍지대 땔감

<겨울철 아궁이 화재 기사> 1965.01.13. 경향신문

찬 겨울이면 동네 사람들이 지게, 리어카에 도시락 싸가지고 감골이나 월산골짜기에 나무하러 줄 서서 간다. 힘들어 잠깐 쉴 때는 긴 지게 작대기로 지게다리 두드려가며 놀고 이야기하며 정을 쌓아 가기도 한다. 건장한 남자들이 나무하러 나설 때는 보통 도끼와 톱을 가져가고, 아낙이 나무하러 갈 때는 낫과 새끼줄, 갈퀴만을 리어카에 싣고 간다.

깊은 산 이곳저곳을 헤매며 열심히 깔비를 긁어모아 단을 만들 때는 먼저 낫으로 소나무 생가지를 쳐서 밑에 깔고 그 위에 깔비를 차곡차곡 쌓아 가면서 중간중간 나무가 쏟아지거나 빠지지 않도록 생가지를 몇 넣고 맨 위에 다시 소나무 가지로 잘 마무리한 다음, 칡넝쿨 줄기로 꽁꽁 동여매 쉽게 들리지 않을 정도로 무겁게 둥치를 만든다. 높은 산에서 산 아래까지 밀고 굴리고 운반하다 보면 나무둥치가 터지기도 하고 깔비 뭉치가 빠져나가기도 한다. 겨우 리어카에 싣고 어두워진 동네 골목길에 접어들면 쌀가마니를 싣고 오는 듯 뿌듯하긴 하나 허기진 배는 꼬르륵 소리를 낸다. 어떤 때는 산에 가서 한 짐 지고 내려오다가 산 주인한테 걸려 애써 긁어모아 둔 깔비 뭉치를 뺏기기도 하고, 그래서 땔 나무가 없어 난방은커녕 밥도 못해 먹는 경우도 생기곤 한다. 장기 장날이면 산에서 나무를 해다 새장터에 내다 팔기도 하는 모습을 볼 수도 있었다.

우리나라 풍속에 '정월 보름날 나무 아홉 짐'이라는 말이 있는데 부지런해야 부자도 되고, 겨울 내내 따뜻하게 지낼 수 있다는 땔감의 귀중함을 이야기하는 것이다.

<서울 장안의 나무전 기사> 1972.2.26. 동아일보

　그렇듯 세상에 하나뿐인 한반도의 온돌문화는 엄동설한에 우리 가족을 따뜻하게 지켜주기에 땔감준비를 하지 않을 수 없다. 그러나 이 온돌의 아궁이로 밥도 짓고 구들목을 따뜻하게 하기에는 엄청 많은 나무를 필요로 하기에 전국의 산천을 벌거벗게 하는 원인

이 되었고 더 지나치면 산사태도 일어난다. 뿐만 아니라 방바닥 구들이 갈라지고 깨져서 틈으로 연기가 올라와 일산화탄소 중독을 일으키기도 한다. 지금이야 세상 살기 좋아서 버튼 하나 누르면 보일러가 자동으로 작동하고 전기패널을 깔아서 금방 따뜻한 마루를 만날 수 있지만, 기술이 발달하지 않았던 그때 그 시절에 어떻게 살았나 싶을 정도다.

<나무전의 땔감 나무의 가격 기사> 1973.12.17. 경향신문

나무하러 갈 때 지게는 필수다. 지게는 일제강점기와 해방을 거치면서 리어카와 자전거가 나옴에 따라 일손을 많이 빼앗겼고 경운기와 핸드카가 나오면서부터 완전히 외면당했다. 그래도 우리의 지게는 살기 어려운 때 큰 역할을 했다.

국어사전에서 찾아보면 땔감의 종류로는 통나무를 쪼갠 장작, 솔가지나 잡목의 가지를 자른 가지나무, 풀이나 작은 관목들을 두루치기로 벤 풀나무, 소나무 등의 낙엽이나 검불 따위를 갈퀴로 긁어모은 갈퀴나무 등이 있다고 되어있다.

땔감 ≒ **땔거리** 불을 때는 데 쓰는 재료.

　　나무새¹ 여러 가지 땔나무를 통틀어 이르는 말.

　　땔나무 땔감이 되는 나무. **땔나무하다.** ・**땔나무꾼**

　　물거리 잡목의 우죽이나 굵지 않은 잔가지 따위를 부러뜨린 땔거리.

　　새나무 (엮)땔거리로 쓰는 나무.

　　섶³ ≒ **섶나무** 잎나무, 풋나무, 물거리 따위의 땔나무를 통틀어 이르는 말.

　　우죽 (엮)나무의 우두머리에 있는 가지. ※수관(樹冠).

　　잎나무 가지에 잎이 붙은 땔나무.

　　풋나무 갈잎나무, 새나무, 풋장 따위의 나무를 통틀어 이르는 말.

　　풋장 (엮)가을에 억새, 참나무 따위를 베어서 말린 땔거리.

국어사전에 나오는 땔감의 종류

그 중에도 우리가 어릴 적 나무하러 산에 가면 그 종류에 따라 또 그 쓰임새에 따라 여러 가지의 땔감으로 구별하여 두고 있었던 기억이 난다. '깔비' '속깝' '썩디' '물거리' '안차리' 등등 이제 모두 기억하기조차 어렵지만, 우리 고향의 정감도 서로 느낄 수 있고 오래된 말들을 기억을 더듬어 보면 참 재미있는 우리 지방 사투리다. 몇 해 전에 다음 카페 '장기사람장기학당(cafe.daum.net/jangi)'을 통하여 땔감에 대한 추억을 들어본 적이 있다.

- 깔비: 주로 소나무의 마른 솔잎을 갈고리로 긁어모아 뭉쳐서 단으로 정갈하게 모아놓은 것을 말하고, 아궁이에 불을 지필 때 처음 불쏘시개로 사용하였다.

- 속깝(쏘깝): 솔잎이 달린 생소나무를 가지치기 해놓은 것으로 말려서 땔감으로 사용하였다.

- 뚱거리: 장작

- 까디: 나무 그루터기가 썩다 남은 밑둥치

- 썩디(썩다리): 소나무, 잡목 할 것 없이 (주로 소나무) 베고 남은 통나무나 밑둥치 부분이 말라 죽어 반쯤 썩어가는 상태.

- 물거리: 꿀밤나무나 손이 닿을만한 어린 잡목들이나 참나무, 잡목 등 마르지 않은 긴 나무 잔가지를 불 때기 좋게 길게 낫으로 쳐서 한 단으로 잘라 묶은 것인데, 불 피우기가 어렵고 연기도 많이 나고 장기 장날 지게에 지고 나가 팔기도 했다.

- 안차리(안찰개이): 상수리나무나 싸리나무, 작은 소나무 혹은 각종 작은 잡나무의 바싹 마르거나 죽은 가지 부분을 가지치기해 묶은 것으로, 땔감으로 겨울에 베어다 집 울타리 주변에 쌓아 두었다가 마르면 사용했었는데 화력이 좋아 화약 같았다.

- 풋나무: 봄에 물오른 나무, 즉 참꽃도 피어 있고 나뭇잎도 더러 피어나는 시기인 이른 봄부터 초여름 사이에 베어 온 나무를 말려서 땔감으로 사용하는 것이다.

- 쏘까지(솔까지): 송진이 많이 배어 있어 썩지 않은 소나무 그루터기인데, 연료용이 아니고 잘게 쪼개서 주로 초롱이나 호롱불 대신 모닥불로 사용했고 한밤중 제사 지낼 때는 마당 한구석에 등불 대신으로 피어 놓기도 했으며, 6·25사변 직후에 기름이 귀한 시절이라 쏘까지 불이나 상어 간으로 기름을 짜서 불을 밝혔다고 한다.

- 까랍데기: 도토리나무 낙엽

- 뿍띠기: 일년초 풀

- 웅캐: 와랑 다랑 탈곡하고 난 후 볏짚이나 보리 타작하고 나오는 보리 짚단을 말하는데, 화력이 약하면서도 불씨가 엄청 오래가서 가마솥에 밥하고 뜸 들일 때 쓰인다.

　그 외에도 고춧대, 옥수숫대 등 논밭에는 나오는 것은 뭐든지 땔감으로 요긴하게 쓰였다. 특히 가을에는 와랑 다랑 탈곡하고 나오는 볏짚 단도 깔비 대용으로 훌륭한 땔감이었다. 추운 겨울날 할아버지 방 화롯불에 고구마, 감자 구우면서 천자문도 배우고, 집안 내력 전해 들으면서 자란 기억들이 아직도 생생하다. 또한 길거리에 소똥이나 말똥도 부엌 아궁이로 직행했다.

　선조들은 밥하는 양에 따라 그 땔감의 종류나 쓰임새를 달리 구별하였으며, 각종 땔감들은 화력에 차이가 나므로 많은 밥은 장작이나 뚱거리로 하고, 아침 일찍 새벽에 1~2인분 밥할 때는 깔비 정도로 후후 불어 불 지피고 잠깐 불 땔 때 쓰였다. 또 소죽 쑬 때 땔감 따로 있고 손님 한두 분 잠깐 오실 때 땔감의 쓰임새도 다르고 해서 우리 지방의 땔감은 종류나 용도나 화력이나 여러 가지로 구별하여 사용하여 선조들의 재치가 돋보이기도 하였다. 요즘도 장기산악회 산행 때 산에 오르다 보면 수북수북 쌓여 있는 깔비나 쓰러져 있는 나무들 보면 어릴 적 산에 나무하러 가던 추억이 새롭다.

〈장기문학 제4호, 2014. 10 원고 내용〉

7장

고향 장기 땅의 지질학적 가치와 한국 최초 신문 이야기

고향과 그 지질학적 가치

　장기문학은 고향 맛을 느끼게 하는 장독대의 오래된 된장 항아리처럼 멀리 있어도 구수하고 맛깔스러운 향기를 풍긴다. 고향이라면 거의 누구나 많은 기억과 추억을 가지고 있듯이 엄마의 정겨운 품속과 같은 고향 길가의 풀 한 포기도 꽃 한 송이도 좋은 추억을 담고 있으며, 같은 사투리를 쓰는 옆집 아재도 언제나 반길 수 있다는 기억을 가진다.

　우리가 흔히 고향이라고 하지만 객지 생활하며 낳은 내 새끼도 아버지 고향을 고향이라고 느끼고 있는지는 확실치 않고 단지 아버지만의 고향이 아닐까 생각이 든다. 그래도 당연하게 고향으로 인정받으려면 적어도 그곳에 대한 어린 시절의 기억이나 추억이 있거나 그 지역에 아버지의 본가나 친척집이 있어야만 고향으로 인정하지 않을까 여겨진다. 아니면 다니던 학교가 있거나 자녀 성장과정에서 성장기를 많이 지낸 곳으로 정체성 형성에 가장 많은 영향을 끼친 곳이라고 보인다. 단지 자신이 태어난 곳을 고향이라고 본다면, 흔히들 원정출산을 위해 미국땅에서 태어난다고 그곳을 고향이라고 하지는 않을 것 같다. 우리가 흔히들 고향이라고 하는 곳은 결과적으로 조상 대대로 살아온 곳에서 자신이 태어나고 성장기를 보내며 마음속 깊이 간직한 기억과 추억이 그립고 정든 그곳을 말함이라고 본다.

그렇다면 우리 고향! 장기(長鬐)에 대하여 나는 얼마나 깊이 알고 있는가를 자문해 볼 수 있는데, 우리가 흔히 알고 있듯이 내 고향 장기(長鬐)는 본래 신라의 기답현[7]이었다가 기립현(鬐立縣)으로 고쳤으나, 나중에는 현내면(縣內面)이라고 불렀다가 일제강점기를 거치면서 영일군에 편입되고 봉산면(峯山面)과 합치면서 누군가의 실수로 지답(只沓)이 지행(只杏)면이 되었다가, 1991년에야 비로소 현재의 장기면(長鬐面)으로 바뀌어 부르고 있는 정도이다.

장기천은 동쪽으로 흐르면서 현내들을 비롯한 평야를 이루고 있어 논농사를 많이 하는 지역임과 동시에 해안지역에는 수산업이 발달하고 있다. 또한 동쪽을 제외한 지역은 산지들로 이루어져 지질

---

7 只沓縣(지답현): 지금은 '지답'이라고 발음하지만, 신라, 백제시대에는 '기답'이라고 발음하였을 가능성이 높다. 이를 뒷받침할 연구 자료는 고대국어 표기 자료 「只」의 소릿값 논문(저자: 최남희)에 의하면 "9. 중세국어 자료에 반영된 「只」의 소릿값" 소제목에서 "고대국어의 범위를 11세기 말까지로 보기 때문에 고려향가, 즉 균여가 이후의 자료들은 중세국어 자료로 보아야 한다. 그러나 여기서 중세국어 자료로 취급되어야 할 자료들도 함께 다루는 것은 고대국어 시절에 형성된 「只」의 소릿값이 우리말 표기의 음차자로 쓰일 경우에는 조선조 이두에 이르기까지 계속하여 「-k/ki」로만 쓰이기 때문이다."라고 하였으며, "11. 맺음말"에서는 "고대국어 표기 자료에서부터 조선조 이두 표기에 이르기까지 「只」의 소릿값은 한결같이 「-k/ki」로만 쓰이고 있다. 이는 고대국어 시절 백제와 신라에서 「只」의 소릿값이 그렇게 형성된 이후에는 우리말 차자 표기에서는 변함없이 그대로 쓰였다."라고 마무리하고 있다.

적으로 북서부 지방에 화산암과 남동부 지역에는 퇴적암층인 양북층군(陽北層群)이 분포하고 있다고 하는 많은 학술논문들이 있다.

고향 장기 땅에는 발굴된 많은 문화유산들과 아직 발굴하지 못한 더 많은 문화적 가치를 지니고 있는 보물들이 많다. 특히 『동국여지승람(東國輿地勝覽)』에 조달 기록이 있을 만큼 유명한 뇌록지는 한반도에서도 우리 장기 땅에서만 생산되고 있고, 뇌록(磊綠)을 구성하는 광물은 철분이 풍부한 운모류(雲母類)의 일종인 셀라도나이트(Celadonite)라고 하며, 주로 현무암의 균열 틈에 차있는 형태로 나타나는데 두께는 대략 1~3㎝ 정도이다. 이러한 뇌록을 단청에서 옥색을 만들기 위해 가장 많이 사용하는 초록색 암석으로서, 안료로 사용할 때에는 먼저 잘게 빻아서 가루로 만든 다음 물에 넣고 저어서 앙금을 만들어 말려 아교에 개서 사용하였다고 한다. 이러한 뇌록은 고대 한국 전통 안료로 생산되었으나 그 양이 적고 값이 비싸기 때문에 요즘은 단청에서 뇌록은 가칠에 사용되는 안료로서 최근에는 여러 가지 안료를 혼합 조채하여 사용한다.

역사적 자료를 들춰 보면 다산 정약용이 우리 고향 장기면에 220여 일 동안 유배되어 있을 때 지은 '기성잡시(鬐城雜詩)' 중 일부 구절에서 뇌록을 노래한 것을 보면 다음과 같다.

東山磊碌亦奇珍(동산뇌록역기진) / 동산의 뇌록도 그 역시 진기하여
石髓靑筋似茯神(석수청근사복신) / 돌에 박힌 파란 줄기가 복신처럼 생겼구나.
染局不曾充歲貢(염국부증충세공) / 염국에서 공물로 그를 받지 않았기에
零陵乳穴自千春(영릉유혈자천춘) / 영릉의 종유혈이 천년 내내 계속이라네.

뿐만 아니라, 각 지역의 토산품을 기록한 『동국여지승람』을 살펴보면, 조선 후기에 작성된 모든 건축 공사 관련 문헌도 뇌록을 경상도 뇌성산에서 조달하였다고 한다. 순조 5년(1805년) 인정전영건도감의궤(仁政殿營建都監儀軌, 창덕궁 인정전을 다시 짓는 공사 기록)에는 갑자(甲子) 2월 경상감영(慶尙監營)에 보내는 공문에 뇌록 20두(斗)를 장기현에서 조달할 것을 명령하였다는 기록이 있고, 순조 30년(1830년)에는 서궐영건도감의궤(西闕營建都監儀軌, 경희궁에 내전을 다시 짓는 공사 기록)에도 경인(庚寅) 3월 경상감영에 뇌록 500두(斗)를 장기현에서 조달할 것을 명령한 내용과 순조 34년(1834년) 창경궁영건도감의궤(昌慶宮營建都監儀軌, 창경궁 내전을 다시 짓는 공사 기록) 역시 신묘(辛卯) 7월 경상감영에 뇌록 700두(斗)를 보낼 것을 명령한 내용을 담고 있었다. 경복궁 근정전은 정궁이면서도 고종이 황제로 선포한 다음에 비로소 뇌록으로 칠하였다고 하니 경복궁을 복원할 때까지도 장기 뇌성산의 뇌록 채굴은 이뤄졌다고 볼 수 있다. 한 두(斗)를 약 한 말의 양으로 가정한다면 뇌성산이 품었던 뇌록은 실로 어마어마한 규모였음을 짐작하게 했다.

근래 1973년에는 4년여의 공사를 마무리한 불국사 복원 경과보고서를 보면, "공사의 단청에는 바탕색으로 칠하는 암녹색의 '뇌록(磊綠)'을 3,000kg 사용했고, 기둥에 칠한 산화철이 많이 포함된 붉은 빛 흙 석간주(石間硃)를 300kg 사용했다. 공사에는 단청기능공 연인원 6천 명이 투입됐다."고 적고 있다. 이러한 뇌성산은 뇌록(綠), 인삼(人蔘), 자지(紫芝), 오송(蜈蚣, 지네), 봉밀(蜂蜜, 꿀), 치달(雉獺, 꿩과 수달), 동철(銅鐵) 등의 칠보(七寶)가 있어 나라에 진상하였다고 하여 칠보산

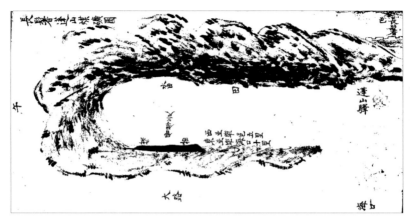

조선왕실 소장 고문서(朝鮮王室 所藏 古文書)의 장기봉산매광도(長鬐蓬山煤礦圖)

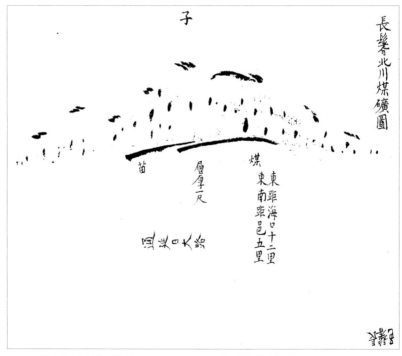

조선왕실 소장 고문서(朝鮮王室 所藏 古文書)의 장기북천매광도(長鬐北川煤礦圖)

이라고도 하였다.

　우리 고향 땅의 보물인 뇌록은 조선시대 단청의 바탕칠에 사용됐던 전통안료 공급지로서의 역사 문화적 가치가 높아 문화재로 지정되었는데, 문화재청은 2013년 12월 '포항 뇌성산 뇌록산지'를 국가지정문화재인 천연기념물 제547호로 지정했다. 이때 무엇보다도 우리 고향 사람들의 큰 공적도 있지만, 특히 금락두 선생님의 역사적 지식과 고향발전에 기여한 크나큰 공로를 높이 평가하며, 우리 고향의 지질학적 가치가 인정되었다고 볼 수 있다.

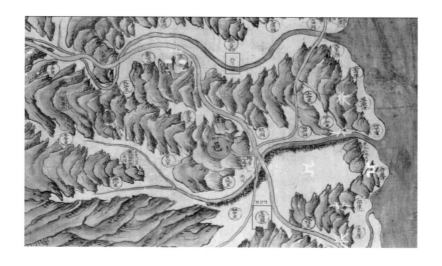

　1872년 제작된 군현도 중 장기현지도(長鬐縣地圖)의 일부로서 여기에는 조선왕실소장 고문서 2장의 장기매광도에 나타나는 봉산역(蓬山驛)과 북천(北川)의 위치를 나타내고 있어 봉산역은 지금의 임중리이며 북천은 지금의 학계리 지역이다. 군현도의 일부에서 보는 바

와 같이 해안과 하천을 제외하면 대부분이 구릉성 산지로 덮여 있다. 이는 북문과 동문을 표기하여 성곽이 있었음을 나타내고 있고, 도로는 대로와 소로를 구분하였으며 읍치의 남쪽 남천(南川)변에는 지금은 없어진 장기숲이 그려져 있음을 볼 때 이전에 이미 조성되어 번성하였음을 짐작할 수 있다.

신문 이야기

청마 유치환 시인의 자전적 산문에서는 "신문이 배달되어 오면 아버지와 어머니는 나누어 읽었다. 긴장한 걱정스러운 표정으로 신문지를 들여다보는 것이었다. 그럴 때 곁에서 떠들거나 하면 안 되는 것이다."라고 하였다. 1908년생 청마는 그가 회고하는 신문 이야기가 1920년대 이후의 광경일 것이고, 우리가 어릴 때만 해도 옆집에 신문 보러 다닌 적도 있었다. 이는 1970년대에 텔레비전 있는 집에 이웃 사람들이 둘러 모여 앉아서 같이 시청하였던 기억처럼 신문도 돌려 읽는 것이 오랜 풍습이었다.

토머스 제퍼슨은 미국의 3대 대통령이며 미국 독립 선언서의 기초자인데 신문에 대한 유명한 이런 말을 했다. "나는 신문 없는 정부보다 정부 없는 신문을 택하겠다."라고.

돌이켜 보면 우리나라에 라디오가 있기 전까지는 신문이 유일한 뉴스 매체였고, 독점적으로 여론을 형성하고 시대를 선도하였으며 신문은 정보와 기술 혁명의 총아였기에 지금 흔하디흔한 스마트폰 못지 않았을 것이고, 이제 젊은층에서는 스마트폰과 인터넷의 뉴스 검색에 눌려 종이신문을 거의 안 보지만 어릴 적 기억으로는 아직도 아침에 펼쳐지는 신문에서 나오는 잉크 냄새는 마약과도 같이

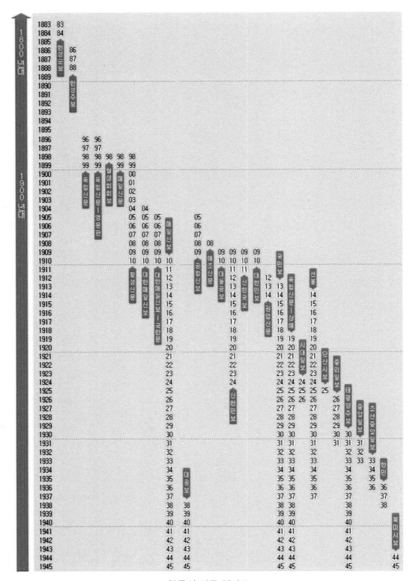

한국의 신문 역사표

기다려지게 하였다.

이러한 신문은 사회에서 발생한 사건의 사실과 해설을 널리 신속하게 전달하기 위하여 사회 전반의 것을 다루는데, 1609년에 독일에서 처음 신문이 발행되었으며, 우리나라는 1883년 10월 31일에 정부기구인 박문국(博文局)에서 발간하고 창간된 최초의 근대신문 《한성순보》이다. 당시의 개화파들이 국민에게 외국의 사정을 널리알려 개화사상을 고취시키려고 하였으나, 창간 이듬해에 일어난 갑신정변으로 폐간되었고, 1886년 1월 25일에 다시 《한성주보》로 창간하여 1888년까지 발행하였다. 한편, 한국 최초의 민간신문은 다알다시피 1896년 4월 7일에 서재필(徐載弼)이 창간한 《독립신문》이며이에 자극을 받아 1898년 이후에는 여러 일간지들이 창간되었다.

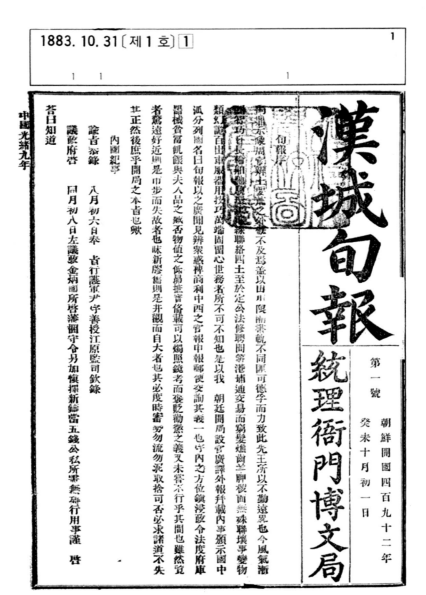

대한민국의 최초 신문《한성순보》창간호, 1883년 10월 31일 자 1면

최초 신문 《한성순보》 이야기

《한성순보(漢城旬報)》는 국민의 견문을 넓혀 나라에 이익이 되게 한다는 생각으로 신문 제1면은 주로 승정원에서 조정의 소식을 관료에게 반포한 '조보(朝報)'를 실었는데, 이 신문의 기사 내용은 관보·사보(私報)·시치탐보(市直探報)를 싣는 내국 기사와 당시 강대국과 약소국 사이의 전쟁이나 분쟁, 근대적인 군사장비나 국방방책, 개화 문물 등을 중점적으로 소개하는 각국 근사(近事)의 기사로 나누어졌다. 각국 근사 기사는 중국과 일본 신문에서 주로 번역 전재하였는데, 간혹 기타 여러 나라의 신문 기사도 번역하여 보도하였다.

《한성순보》 창간호(1883년 10월 31일 자)를 살펴보면 13면에서 한국 최초의 삽화인 '지구도해'를 실었고, 바로 다음 기사로 세계를 뜻하는 '지구론'을 게재한다. 《한성순보》의 기조는 전통적인 유교적 가치관을 유지하면서 서양의 기술을 수용하여 근대화를 이루자는 이론이며, 순한문 신문으로 관보적 성향이 있어 일반인보다 일부 지식인들한테 인기가 높았고, 일반인에게까지 퍼지지 못한 한계가 있었다. 그러나 최초의 근대적 신문으로 국내에 서구 문명을 알리고 세계관을 넓혔다는 점에서 그 의의가 크다.

《한성순보》는 순보(旬報)라는 이름에서 보듯이 열흘에 한 번, 매호 24페이지 정도의 책자 형태로 묶여 발행되었기 때문에 잡지와 비슷한 형태였으나, 외형만을 가지고 잡지라 할 수는 없고 정부가 발행한 우리나라 최초의 근대 신문이었고, 이 신문은 1884년 12월 4일에 일어난 갑신정변으로 중단되기 전까지 36호가 발행되었다. 우리나라 첫 신문으로서 비록 그 수명은 짧았으나 우리나라 언론사에서 적지 않은 의미를 남겼다. 우선 우리나라 최초의 근대 신문으로써 비로소 우리나라도 신문 형태의 뉴스 플랫폼을 갖게 되었으며 민족의식을 고취하며 외세에 대한 경계심을 갖게 했고 개화사상도 소개하는 역할을 했다.

이후 신문으로는 《한성순보》의 후신으로 1886년 1월 25일에 창간되어 1888년 7월경에 폐간된 《한성주보(漢城周報)》와 독립협회의 서재필이 창간한 우리나라 최초의 민간 신문인 《독립신문》도 있었다. 이외에도 《황성신문》, 《대한매일신보(국한문판)》 등 많은 신문이 창간되었다.

한성순보의 창간 일자 신문과
고향 장기 땅 기사

위에서 말한 것처럼 《한성순보》는 1883년 10월 31일에 창간되었고, 면수는 20면에 1단으로 발간되었다. 이러한 한국 최초의 창간 신문인 1883년 10월 31일 자의 3~4면 내국기사(內國紀事)에 우리 고향인 장기(長鬐)의 기사가 실려 있어 놀라지 않을 수 없다.

우선 《한성순보》 1883년 10월 31일, 3~4면 내국기사 중 장기 기사의 본문을 번역 소개하면 다음과 같다.

"근래 듣자니 사용(司勇) 이건영(李建榮)이 장기(長鬐)에다 매광(煤礦)을 개광할 양으로 일본 광사(礦師)를 초빙하여 광맥을 찾고 다니던 중, 길에서 수십 명의 비도(匪徒)가 나타나 일본 사람을 거의 죽게 구타하고 행자(行資)와 시진표(時辰表)를 빼앗아 달아났다. 이건영은 그 일본 사람을 들것에 실어 난방(煖房)으로 옮기고 의원을 불러 치료한 끝에 며칠 만에야 깨어났다고 하는데 참으로 다행한 일이나, 다만 그 때문에 광사(礦事)가 늦어지고 먼저 채굴했던 10만 근(斤)도 아직 팔리지 않고 있는 실정이다. 이건영이 말하기를 "장기와 경주 사이에 광맥이 서로 연결되어 흙이 무너진 낭떠러지 사이에는 가끔가다 광맥이 저절로 노출되어 있고 지금은 제일 좋은 광맥 세 곳을 발견하였는데, 그중 한 곳은 현재 토법(土法)으로 캐기 시작하여 30여 길을 파들어갔으나, 아직 원광맥이 있는 곳까지는 이르지 못하였고, 이미 채굴한 10만 근은 얕은 곳에서 캔 것이라서 품질이 별로 좋지 않은데 캐들어가면 캐들어갈수록 품질이 더 좋을 것이나 좋은 장비를 구하지 못한다면 실로 이익을 보기는 어렵겠다."하였다.

二陵幸行　同月二十四日大駕詣　仁陵　獻陵　親祭　展謁欽錄

勒諭恭錄

諭旨恭錄

戲監書目

二陵石物謝便之從僕裝運內帑錢二萬兩特爲頒下

國天津機器廠學習製造期欲卒業壬午六月聞本國軍變金允植損損還國學習遂廢是年九月金允植及從事金明均

代購癸未三月金明均雇天津工匠袁榮爍等四人東來五月設機器局於京城三淸洞北倉至上海驗取所買機器附輪船而來

祖澗爲總辦

廠舍尙未竣工方督工徒累朔石所立廠舍卽翻沙熟鐵木樣銅冒及庫房而須更有中國工匠十餘人敎習本地工匠

方議雇來今程巘德所購機器亦就之所用以設局之初雖庶事草剏猶窒急切之效從此陰雨之備民知有恃矣

禎誌

近聞李司勇建榮欲開長蔁壞礦邀日本礦師行看坌苗達有匠徒數十八歐打日人幾死搶奪行實及時

辰表而去李建榮將日人泉邸煖房請醫療治數日乃甦誠可幸但礦事因此延拖先探十萬斤尙未銷售李建榮云長

始終代賣不奮若自己爭者津海道台周覲也

대한민국의 최초 신문 《한성순보》 창간호, 1883년 10월 31일 자 3면

(선으로 표시된 부분이 장기 관련 기사)

慶州之間嘗以相違壺畓往往自露於土中岸落之際而今得景好壞礦三處其一處現以土法開採揭三十餘丈尚未

到盡處已採乏十萬斤近於是也

仁川須聞　仁川古荒園　　之垣也監理經東憲方設巡捕欲爲勦滅之圖云

盜蓋緣港規草劉未盡護前之垣也自開港以來無賴賓集發甚多賴伯方發遺議校防令掲獲云未聞捕得一

市直探報　立廛　縞綃一尺價五兩五分甲紗一尺五兩　白木廛　上木每兩五尺中木每尺七尺常木每兩

九尺洋木每八六盞洋紗每尺三盞五分　紙廛　壯紙一卷四兩上白紙一卷九盞五分常白紙一卷六盞五分中白紙一卷

四盞　布廛　上布一疋二十五兩中布一疋二十兩下布一疋四兩　綿紬廛　土紬每兩五尺中紬每尺四盞下

紬每尺五盞五分　草布廛　上等一疋二十兩中學一疋十五兩下等一疋十兩　魚物廛　北魚一級五盞廿張一束一兩三盞

升五盞下米一升四盞七分荳一升四盞太一升三盞　　米廛　上米一升五盞五分中米一

鍮銅一兩重三盞正鐵每斤一兩七盞鉛每斤二兩銅每斤價日增至二兩四等政府用是之慮發令毋得私貿以是銅

價稍下云

各國近事

漢學澳行　數年來英國阿佛多大學校特設漢學一科而教授之近聞西紀又云英國都近悸地大學校亦設

漢學一科由此觀之可關漢學之海行而天將以斯文啓全塢球之奎運也

璋布信息　近聞津信有海參威友人來信云距春春七十里有項日黑頂子自被俄人越界估掳後即招撫該處

界內即向高麗人民前往開墾生聚已有數百餘家居然成一市廛去歲吳清卿星使至該處消査邊境時查明是地係在中國

界內即向俄國戈馬沙將軍索還是時戈將慨然允諾約於今春交還是以吳星使已擬惝人奏中朝特派駐紮熱河

대한민국의 최초 신문《한성순보》창간호, 1883년 10월 31일 자 4면

(선으로 표시된 부분이 장기 관련 기사)

圖 全 球 地

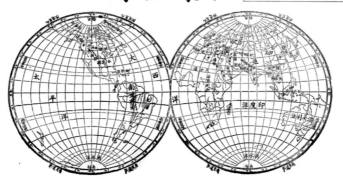

대한민국의 최초 신문《한성순보》창간호 1883년 10월 31일 자 13면

《황성신문(皇城新聞)》(창간일 1898년 3월 8일)의 1899년 9월 9일 자 4면에 "三郡銅炭(삼군동탄)"이란 제목의 기사 전문을 보면, "◉(三郡銅炭) 永興郡에 炭礦脉을 得ㅎ하야 金泰鉉氏가 採掘ㅎ다가 資本이 不足ㅎ야 停止ㅎ얏다 ㅎ고 長鬐郡의 炭礦과 巨濟郡의 銅礦도 設探ㅎㄴ 者 - 有ㅎ다더라."라고 하여, 장기 땅의 광물 매장을 알리는 기사이다.

《황성신문》의 1909년 5월 13일 자 2면 5단에 "鑛業許可(광업허가)"란 제목의 기사 전문 중에 "慶尙北道長鬐郡西面韓內의 兩面에 在ㅎ 石炭鑛 四十九萬四千二十一坪은 釜山 居ㅎㄴ 角南宇太郎에게. 慶尙北道長鬐郡西面北面에 在ㅎ 石炭鑛 十二萬坪은 慶尙南道密陽停車場 鈴木修, 田中與三郎에게" 광업 허가권을 부여하였다는 기사 내용이다.

《매일신보(每日申報)》(창간일 1905년 08월 11일)의 1912년 03월 13일 자 2면 6단 기사의 제목 "長鬐炭鑛採堀額(장기탄광채굴액)"에서 岡田良一(강전량일) 씨가 경영하는 장기군 석탄광의 2월 채굴액이 이십만 근이라고 하였다는 기사 내용이다.

《동아일보》1927년 11월 3일 5면 기사

《매일신보》의 1927년 11월 24일 자 4면 5단 기사의 제목 "長鬐炭鑛(장기탄광) 新炭脉發見(신탄맥발견) 十二年(십이년)만에 復活(부활)"에서 12년 만에 새로운 탄광을 발견하였다는 기사 내용이다.

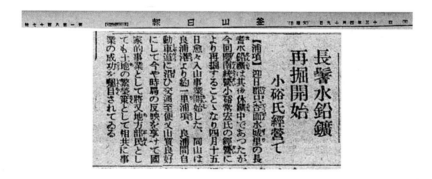

《부산일보》 1938년 4월 19일 자 4면에 제목 "장기수연(長鬐水鉛) 납광산 재굴(再掘) 개시"에서 수성리에서 양질의 수연광을 재굴 개시하였다는 기사 내용이다.

이외에도 우리들이 잘 모르는 장기 땅의 중요한 지질학적 가치는 기후변화 및 교토의정서상의 온실가스 감축 요구에 대응하기 위한 핵심 감축 수단으로 CCS의 중요성 증대로 인하여 정부는 2020년까지 CCS[8] 기술을 이용하여 발전부문에서 2백만 톤의 CO_2를 감축할 것을 목표로 하고 상세 지질구조를 파악하고, 주입 가능량을 종합적으로 평가하여 대규모 이산화탄소 저장을 위한 대상지를 최종 확정하는 계획인데, 2013년 하반기부터 장기 땅에서도 심도 1,200m 이상까지 암석코어를 채취할 수 있는 대심도 시추기술을 이용한 CO_2 지중저장소 지질특성 연구를 실행하였으며, 대한지질학회와 한국암석학회지에 발표된 연구 논문자료에 따르면 다음과 같다.

"장기역암은 주로 기반암 역을 다량 함유한 역암과 이에 협재하는 데사이트질 응회질(역질)사암으로 구성되어 지층의 전반적인 공극률과 투수율이 대체로 높다. (중략) 뇌성산현무암질암은 용암류, 응회질 각력암과 관입암으로 구성된다. 따라서 장기역암을 피복하는 두 층은 상대적으로 투수도가 낮을 것으로 판단된다. 이러한 결과들은 장기분지 뇌성산지괴의 지하심부에는 장기역암(잠재 저장층)이 분지기저를 따라 연장되고 그 상부를 성동리층과 뇌성산현무암질암(잠재 덮개층)이 두껍게 피복하고 있음을 지시하고 있어, 이곳에 CO_2 지중저장을 위해 적절한 층서트랩이 존재할 가능성이 높은 것을 판단된다. 따라서 장기분지는 육상 CO_2 지중저장 실증에 유망한 육상 퇴적분지로 평가된다.

하지만 최종적으로 해양심층부인 울릉분지 등으로 2015년 말경에 결정된 바 있다.

---

8 CCS(Carbon Capture and Storage): 화력발전, 제철소 등에서 대량 배출되는 이산화탄소를 포집·수송하여 800m 이하의 육상 또는 해양 퇴적층에 저장하여 처리하는 방법.

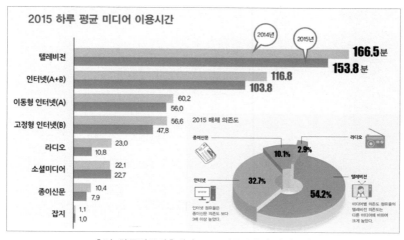

출처: 한국언론진흥재단 2015 언론수용자 의식조사
<미디어 환경변화에 따른 이용자 행태조사>

요즘 젊은 세대에서는 위 그림에서 알 수 있듯이 TV, 스마트폰, 인터넷을 통하여 많은 정보를 습득 이용하고 있다. 하지만 종이신문은 지면을 넘기는 과정에서 제목과 기사를 한꺼번에 볼 수 있어 상대적으로 정보 편식의 우려가 적고 가독성이 뛰어나다. 더불어 종이신문은 구독자의 눈을 편하게 하기 위해 편집이라는 과정을 거치며 보관이 용이하여 필요 시 언제든지 펼쳐볼 수 있어 편리하고 더 많은 정보를 가장 편하고 빠르게 습득할 수 있다. 그럼에도 불구하고 대학생들은 종이신문의 매력을 느끼지 못하기 때문에 나는 간혹 이들을 대상으로 학교 강의시간에 한 가지 경영학적 이슈를 다양한 신문을 통해 비교한 후 토론하거나 분석하고 핵심 키워드를 찾아내는 등 NIE(National Institute of Education) 수업을 하고 있다. 다행히 경제 전문 신문들은 학생의 구독료를 50% 할인해 주며 다

량의 신문을 요청하면 수업에 협찬까지 해준다. 시사상식은 단기간에 완성되지 않기 때문에 꾸준한 신문 구독으로 상식과 지식을 함양해 나갈 수 있도록 대학생들의 신문 구독을 바란다.

위의 여러 자료에서 보는 것과 같이 우리 고향 장기 땅은 지질학적 관점으로 봐서도 한반도에서 최고의 보물덩어리라고 할 수도 있으며, 아직 발굴하지 못한 여러 가지 역사적, 문화적 측면의 보물들을 우리가 밝혀내야 할 의무와 책임감을 느끼면서 고향 사랑하는 마음을 가다듬어 본다.

고향 땅을 지척에 두고 가까이 보면서도 못 가는 실향민들이 얼마나 많을까만 우리가 그들의 심정을 어찌 다 알겠는가? 아파본 사람만 건강의 귀중함을 더 뼈저리게 안다. 파도 소리 들리는 고향 바다를 내륙사람들이 어찌 그리워할 수나 있겠는가. 그러나 누구나 고향은 가슴속 깊이 간직하며 외로울 때나 슬플 때, 힘들 때 아무도 모르게 살짝 꺼내보곤 덮어두지만 이제 훌륭한 내 고향 땅 장기는 서로가 아끼며 보듬을 때 더 좋은 모습으로 다가올 수 있다. 몇 해 전인가 미세먼지 가득하고 여러 가지 불편을 감수하면서도 화력발전소건립에 열 올릴 때 한편으로는 훌륭한 인재를 길러 고향 땅을 발전시켜보자는 이야기도 있었다. 이제 우리는 천 년이 넘는 장기읍성과 육당 최남선의 조선10경 중 장기 일출 등 보물을 바탕으로 무한한 발전을 해나가고 있다. 장기도 나팔 있냐는 옛말을 뒤로하고 포항시에서도 가장 낙후된 장기에서 나라와 지역발전에 전념하는 선출직들을 배출하고 발전을 거듭하고자 한다. 지나간 천 년의 영화를 바탕으로 사이버 고향인 '장기사람장기학당(cafe.daum.net/jangi) 카페'도 함께 새로운 천 년을 위하여 고향 장기 땅, 우리 장기 사람들 파이팅!

〈장기문학 제5호, 2016. 10 원고 내용〉

8장

영의정 퇴우당 김수흥 선생의
유적비 건립

조선 중기의 문신이며 학자이신 영의정 김수흥(金壽興) 선생은 자기지(起之), 호 퇴우당(退憂堂), 동곽산인(東郭散人), 시호 문익(文翼)이며, 안동(安東)이 본관으로 청음(淸陰) 김상헌(金尙憲)의 손자로 생부는 동지중추부사(同知中樞府事) 광찬(光燦), 양부는 동부승지(同副承旨) 광혁(光爀)이고, 양모는 광산김씨로 동지중추부사 존경(存敬)의 딸이며, 영의정 수항(壽恒)의 형이다. 1645년(인조 23) 20세 때 성주(星州) 목사(牧使) 윤형각(尹衡覺)의 딸과 혼인하였다. 1690년(숙종 16) 10월 12일 65세의 일기로 장기에서 세상을 떠났다.

저서로는 《퇴우당집(退憂堂集)》[9] 5책이 전해지고 있다. 평생 관직

---

9 『퇴우당집(退憂堂集)』 저자는 청음(淸陰) 김상헌(金尙憲)의 손자로 기사환국 때 장기로 유배되었다가 이듬해 적소(謫所)에서 졸한 인물이다. 평생 관직에 있었지만, 저술로 시문(詩文) 10권 5책만 전하고 있다. 사위 이희조(李喜朝)는 시문(詩文) 유초(遺草)를 수습(收拾), 편차(編次)한 뒤 저자의 종자(從子) 김창흡(金昌翕) 등과 상의하여 시 355수, 소차계의(疏箚啓議) 105수, 서독(書牘) 35수, 잡문(雜文) 19수로 산정(刪定)하였다. 문집은 10권 5책으로 이루어져 있다. 권1~2는 시인데, 권1에는 오언절구 9수, 육언절구 4수, 칠언절구 186수가 실려 있다. 오언절구에는 송시열(宋時烈)과 헤어지면서 지은 시, 송도(松都) 유수(留守) 신정(申晸)에게 부친 시, 1689년에 자신을 장기 배소까지 압송한 뒤 서울로 돌아가는 김오(金吾) 오수대(吳邃大)를 보내며 지은 시 등이 있고, 육언절구에는 금강산 유람을 떠나는 사위 이희조(李喜朝)에게 주는 시가 있으며, 칠언절구에는 이희조(李喜朝), 아우 김수항(金壽恒), 신정(申晸) 등에게 준 시, 1689년에 장기 배소로 가는 도중에 경안(慶安), 이천(利川), 음죽(陰竹), 충원(忠原), 조령(鳥嶺), 영천(永川) 등을 지나면서 지은 시, 〈동곽신거사시사(東郭新居四時詞)〉(8수), 〈승주출협(乘舟出峽)〉(6수), 〈병중만음(病中漫吟)〉(3수), 〈차석주병중문야우유회초당운(次石洲病中聞夜雨有懷草堂韻)〉(13수), 〈차목은집중운(次牧隱集中韻)〉(11수) 등과 같은 연작 시, 1680년에 사은진주사(謝恩陳奏使)가 되어 북경에 다녀올 때 지은 시 등이 있다.

에 몸담아 생활하면서 많은 저술을 남기지는 않은 듯하며, 시문(詩文) 10권 5책만이 전하고 있다. 시(詩)가 담긴 특히 권1에는 송시열(宋時烈)과 헤어지면서 지은 시(詩), 장기(長鬐) 배소(配所)로 가는 도중에 경안(慶安), 이천(利川), 음죽(陰竹), 충원(忠原), 조령(鳥嶺), 영천(永川) 등을 지나면서 지은 시, 1689년에 자신을 장기(長鬐) 배소(配所)까지 압송한 뒤 서울로 돌아가는 금오(金吾) 오수대(吳遂大)를 보내며 지은 시 등이 있다.

선생은 1648년(인조 26) 23세 때 사마시(司馬試)를 거쳐 1655년(효종 6) 춘당대문과(春塘臺文科)에 병과로 급제하고 이듬해 9월, 아우 문곡(文谷) 김수항(金壽恒)과 함께 문과중시에 역시 병과로 급제한 뒤 부교리·대사간·도승지 등을 역임하고, 1666년(현종 7)에 호조판서, 1673년에 판의금부사(判義禁府事)가 되고, 이듬해 4월 영의정에 올랐다. 그러나 자의대비(慈懿大妃)의 복제문제(服制問題)로 남인에게 몰려 부처될 뻔하였고, 그해 8월 현종이 죽자 양사(兩司)의 탄핵으로 춘천에 유배되었다가 이듬해 풀려나와 양주로 물러가 살았다.

선생은 1679년(숙종 5) 54세 때 송상민(宋尙敏)의 옥사(獄事)로 인하여 송시열(宋時烈)을 가죄(加罪)하자, 가족을 이끌고 가릉(嘉陵) 계곡으로 들어가고, 1686년(숙종 12) 61세 때 1월, 송시열이 『주서절요(朱書節要)』와 『주문작해(朱文酌海)』를 통합하여 만든 『절작통편(節酌通編)』을 양남(兩南)으로 하여금 간행하게 할 것을 청하는 등 항상 송시열을 마음의 스승으로 존경하여 그의 뜻에 따랐고, 『주자대전(朱子大全)』, 『어류(語類)』 등을 탐독하였다. 또한 선생은 역대의 왕에게 시폐소(時

弊疏)를 올려 백성의 편에서 정치하기를 힘쓰고 정치의 혁신을 여러 번 건의했다.

1680년(숙종 6) 경신대출척으로 서인이 재집권하자 영중추부사(領中樞府事)에 이어 다시 영의정에 올랐으나, 1689년(숙종 15) 64세 때 기사환국(己巳換局)으로 송시열의 사사(賜死)로 된서리를 맞은 서인은 이어서 김수흥(金壽興)·김수항(金壽恒) 등의 거물 정치인을 비롯하여 많은 사람이 파직되거나 또는 유배되어 남인이 득세하였다. 남인이 다시 집권하자 2월, 인대(引對)에서 불손한 언사가 있었다는 이유로 파직되고 대간의 논박을 받아 삭탈관작되고 문외출송되어 장기에 유배되어 이듬해인 1690년(숙종 16) 10월 12일 65세의 일기로 장기 적소(謫所)에서 죽었다. 같은 해 12월 11일에 헌부(憲府)에서 아뢰기를, "접때 장기(長鬐)에 안치(安置)하였던 죄인 김수흥(金壽興)의 상구(喪柩)가 올라올 때에, 경주 영장(慶州營將) 남언(南巘)이 편오군(編伍軍) 2초(哨)를 내어 그 장관(將官)을 시켜 거느려서 메게까지 하였으니, 나문(拿問)하여 죄를 정하소서."하니, 그대로 따랐다고 한다. 그 이듬해인 1691년 1월에 율북(栗北)의 부친 묘소 아래에 장사지내고 그해 9월에는 다시 금촌(金村)에 개장(改葬)하였다. 그 후 1694(숙종 20) 4월, 관작(官爵)을 회복하라는 명이 내렸다.

조선조 사회와 당쟁의 소용돌이 와중에 세력을 잃고 장기로 유배온 관리 중에는 학문·사상적으로 주목되는 인물들이 많았다. 이들은 고난 속에서도 서색을 탐독하고 시문을 짓는 등 창작활동을 벌여 유배지인 장기에 독특한 유배문화를 남기기도 했다. 때문에 장기는 학문을 숭상하고 선비를 존경하며 충절과 예의를 중시하는 문화풍토가 조성되었음은 부인할 수 없는 사실이다.

이러한 복잡한 조선시대의 정치적 배경으로 결국 형제간에 영의정에 올랐던 김수흥(金壽興)은 믿고 따르던 송시열보다는 19살 아래이나 우리 고향인 장기 땅으로 유배는 그보다 14년 후에 밟게 되었다. 이제 우암과 퇴우당 두 어른이 헤어진 지 300년이 넘었으나 그때 나라를 위하며 격론를 벌이시던 모습을 떠올리면 우암 선생은 몇 년 전 다행히도 장기의 뜻있는 분들에 의하여 시비라도 모셔졌지만, 퇴우당 어른도 유배지 장기 땅에다 모셔서 그 옛날처럼 만나게 해드리는 것도 우리 장기 사람들의 몫이 아닌가 싶다. 우리 장기는 유배된 많은 분들의 영향으로 지금까지도 예의 바르고 효심이 지극한 근본적인 마음가짐이 있으며 학업과 연구분야도 활발한 것이라 짐작된다. 이에 장기발전연구회에서는 이들의 자취를 더듬어 우암 송시열 선생, 다산 정약용 선생 사적비에 이어 필자는 '퇴우당 김수흥 선생 유적비'를 건립하고, 제막식을 하기에 이르렀다.

포항 장기면 출신인 필자가 유적비문을 작성하고, 건립비용을 부담하고, 전북 김제 백산 출생이신 송하경(朱河璟) 박사의 글씨로 건립하였다. 송하경 박사는 전북대학교, 성균관대학교 교수를 역임하고 성균관대학교 유학대학원장, 박물관장, 서예문화연구소장과 한국서예학회, 한국동양예술학회, 한국서예비평학회 회장 등을 역임하고, 세계서예전북비엔날레 조직위원장, 대한민국서예대전, 동아미술제, 추사서예공모대전 심사위원장을 역임하는 등 서예 대가로서 활동

중이다.

퇴우당은 우암 송시열 선생을 항상 마음의 스승으로 여기고 섬기며 당시의 당쟁과 사화의 소용돌이에서 꾸준한 사회적 발전을 이바지하였으나, 남인의 득세로 우암이 14년 전에 다녀간 우리 고장 장기에서 결국 영면하였다.

300여 년이 지난 2008년, 퇴우당 선생의 기일인 음력 10월 12일을 맞이하여 두 분은 이곳 장기에서 다시 만남을 가지는 뜻깊은 자리가 되었다.

退憂堂 金壽興 先生 遺跡碑 除幕式

안 내 장

조선조 사회와 당쟁의 소용돌이 와중에 세력을 잃고 장기(長鬐)로 유배온 관리 중에는 학문과 사상적으로 주목되는 인물들이 많았습니다. 이들은 고난 곡에서도 서색을 탐독하고 시문을 짓는 등 창작활동을 벌여 유배지인 장기에 독특한 유배문화를 남기기도 했습니다. 때문에 장기는 학문을 숭상하고 선비를 존경하며 충절과 예의를 중시하는 문화풍토가 조성되었음은 부인할 수 없는 사실입니다. 이에 장기발전연구회에서는 이들의 자취를 더듬어 우암송 시열 선생, 다산 정약용 선생 사적비에 이어 <퇴우당 김수흥 선생 유적비>를 건립하고, 제막식을 거행하게 됨을 안내합니다. 이 귀중한 자리에 바쁘시더라도 꼭 참석하시어 자리를 빛내주시면 대단히 감사하겠습니다.

장기발전연구회 회장/ 전 성균관대학교 대학원장 이민홍

<행사 개요>

※ **일 시:** 2008년 11월 22일<토> 오후 1시

※ **장 소:** 포항시 남구 장기면 마현리 676-3

　　　　　장기충효관 마당(장기초등하교 옆)

※ **내 용:** <퇴우당 김수흥 선생 유적비> 제막식

※ **주 최:** 장기발전연구회

※ **문 의:** 016-382-9103 (장기충효관 운영국장: 금락두)

退憂堂 金壽興 先生 遺跡碑 내용

조선 중기 노론의 실세였던 김수흥(金壽興) 선생은 1626년(인조 4)에 출생 자는 기지(起之), 호는 퇴우당(退憂堂), 시호는 문익(文翼)이며 본관은 안동 (安東)이다. 청음(淸陰) 김상헌(金尙憲)의 손자로, 생부는 동지중추부사 광 찬(光燦)이고, 양부는 동부승지 광혁(光爀)이며, 영의정 문곡(文谷) 수항(壽 恒)의 형이다. 아우인 수항과 함께 문과에 급제한 뒤, 부교리·대사간·도 승지·호조판서 등을 거쳐, 1673년(현종 14)에 판의금부사에 이어 우의정 이 되고, 1674년 4월에 영의정에 승진했지만, 양사(兩司)의 탄핵으로 춘 천에 유배되었다가 얼마 후 양주에 은거했다. 1680년(숙종 6) 경신출척(庚 申黜陟)으로 서인(西人)이 재집권하자 영중추부사를 거쳐 1688년(숙종 14) 다시 영의정에 올랐다. 1689년(숙종 15) 64세 때 기사환국(己巳換局)으로 남인(南人)이 정권을 장악한 뒤, 대간의 논박을 받아 삭탈관작을 당하여 문외에 출송되어 우리 고장 장기에 유배 와서 1690년(숙종 16) 10월 12일 (음) 향년 65세로, 아들 창열(昌說)이 의원을 구하러 한양으로 간 사이, 부 인과 동생이 지켜보는 가운데 현성(縣城) 촌사(村舍)에서 영면했다. 1689 년 4월과 6월에 문곡과 우암이 진도(珍島)와 정읍(井邑)에서 사사당한 지 1년여가 지난 뒤이다. 당시 경주영장(慶州營將)이 편오군(編伍軍) 2초(哨)를 징발 운구했다 하여 물의를 빚기도 했다. 과거를 돌이켜 이를 거울삼아 현재와 미래를 생각하는 것이 우리들의 몫이라 인식하여, 이 고장 장기 유배 중에 읊은 약간의 시편 가운데 한 수를 번역하여 유적비에 함께 새 겨서 고인의 명복을 삼가 기원하는 바이다.

2008년 11월 9일(음력 10월 12일)

經營學博士 全泰烈 謹撰
文 學 博 士 宋河璟 謹書
長鬐發展研究會 謹竪

蓬山卽事 봉산(장기)에서 보고 느낀 일

淋浪簷雨夜連朝
처마 끝에 쏟아지는 빗물 밤새도록 이어지는데

獨坐虛堂正寂寥
텅 빈 마루에 홀로 앉았노라니 참으로 적막하네

脩竹滿山梅蕊動
대나무 온 산 가득하고 매화도 망울 터트리니

海村春事絶塵囂
해촌 봄 풍경 세속의 티끌 소음 전혀 없네

京洛十年成底事
한양에서 십 년 동안 이룬 것이 고작

海山千里寄殘生
천 리 밖 바닷가에 여생을 부치는 일인가

春宵旅榻仍無寐
짧은 봄밤에 잠 못 이루고 뒤척이며

臥聽長鯨鼓浪聲
자리에 누워 거센 파도 소리만 듣고 있네

燕天外浮雲暮色寒。

忠原村舍

敦村籬落傍山阿。門外良田問幾多。人世生涯只此。
足酉江波浪不關他。

可興逃旅記夢

盡日衝泥跋涉艱征鞍暫稅却如閒客裏一餐支頤
睡夢裏。感顧尺間。

踰鳥嶺

刺天松檜繞蒼巒。石棧縈回幾百盤。駐馬山崖回首。
望不知何處是長安。

退憂堂集　卷一　詩　二十五

其二

微臣罪大。聖思寬祭聽南州分所安尺是戀。　君
心自切獨邊高處望雲端。

永川

三十年前此地過朝陽閣上月明多今來白首南還。

蓬山卽事

客擕遠其知感慨何。

林浪簾雨夜連朝獨坐虛堂正寂裏俗竹滿山梅藥。
勳。海村春雪絶盧霄。　其二

京洛十年成庭事海山千里齊凉生春宵旅掇仍無。
寂歐聽長鯨鼓浪聲。

火牧隱集中韻

平生志業一迂儒分外官聯上大夫得失真如塞翁
馬高風千載五湖圖。　其二

年來出庭未漂思田里揮金是我師渾畔形容還可
笑。姑今空作遠游辭。　其三

石室茅廬傍石泉鷗跌忽爾海南墺誰將倚伏爲忻
戚。　上蒼蒼只有天。　其四

看他世路役心機護說歸田計已非今日　聖恩深
似海山浮處獨關屏。　其五

柴屏覽捲斷來人照坐虛堂評味真自詑平生三折
臂。草勝不必解摧輪。　其六

左海經淪最細鱗頻飫紫蟹更橘珠如今莫說初雨
食愧殺年來廊廟人。

『퇴우당집』 일부

퇴우당 김수흥 선생의 유적비 제막식

퇴우당 김수흥 선생 유적비 전·후면

퇴우당 김수흥 선생 유적비 제막식을 마치고 장기발전연구회원들과 기념 촬영

(오른쪽 끝이 필자)

退憂堂 金壽興 先生 年譜(퇴우당 김수흥 선생 연보)

왕력	서기	간지	연령	기사
인조 4	1626	병인	1	10월 26일, 태어나다.
인조 11	1633	계유	8	10월, 生母喪을 당하다.
인조 14	1636	병자	11	嶺東으로 피난하다.
인조 15	1637	정축	12	조부를 따라 安東으로 돌아오다.
인조 18	1640	경진	15	청 나라에 出兵을 반대한 일로 조부가 瀋陽에 잡혀 가다.
인조 20	1642	임오	17	조부가 3년 만에 義州로 돌아오자 가서 拜謁하고 受業하다.
인조 21	1643	계미	18	조부가 또 瀋陽에 들어가다.
○ 부친 金光燦의 명에 따라 伯父 金光爀의 後嗣가 되다.				
○ 7월, 父親(金光爀) 喪을 당하다.				
인조 23	1645	을유	20	星州 牧使 尹衡覺의 딸과 혼인하다.
인조 26	1648	무자	23	사마시에 1등으로 합격하다.
인조 27	1649	기축	24	母親喪을 당하다.
효종 6	1655	을미	30	1월, 泮任으로서 上疏하여, 聖廟의 釋奠 祝文에 淸 나라 연호를 쓰지 말 것을 청하다.
○ 4월, 春塘臺庭試에 丙科로 及第하다. 승문원 권지부정자, 가주서가 되다.				
효종 7	1656	병신	31	5월, 세자시강원 겸설서가 되다.
○ 9월, 아우 文谷 金壽恒과 함께 重試에 합격하다.				
○ 淸風 郡守로 재임 중인 생부 金光燦을 金壽恒과 함께 勤親하다.				
○ 10월, 승정원 주서로서 다시 說書를 겸하다.				
효종 8	1657	정유	32	2월, 예문관 검열이 되다.
○ 5월, 待敎가 되다.				
○ 9월, 重試에 대한 賞格으로 성균관 전적이 되었다가 병조 좌랑이 되다.				
○ 10월, 부수찬이 되다.				
○ 12월, 사복시 주부가 되다. 비국 낭청을 겸하다.				

왕력	서기	간지	연령	기사
효종 9	1658	무술	33	1월, 수찬이 되다.
○ 4월, 헌납이 되다.				
○ 6월, 교리가 되다.				
○ 얼마 뒤 西學敎授를 겸하다. 지제교가 되다.				
○ 9월, 坡州에 가서 생부를 救護하다.				
○ 병조 좌랑, 守禦使 종사관이 되다.				
○ 12월, 이조 좌랑이 되다.				
효종 10	1659	기해	34	1월, 상소하여 用人의 변통방도에 관해 논하다.
○ 4월, 暗行御史가 되어 湖西를 廉察하다.				
○ 5월, 효종이 승하하다. 洪汝河가 尤庵 宋時烈을 공척한 뒤, 中考를 맞아 체차되다.				
○ 7월, 이조 좌랑이 되다.				
○ 12월, 이조 정랑이 되다. 교서관 교리가 되다.				
현종 1	1660	경자	35	실록청 낭청이 되다.
○ 5월, 겸춘추가 되다. 漢學敎授를 겸하다.				
○ 11월, 부교리가 되다.				
현종 2	1661	신축	36	1월, 상소를 올려 16條를 진달하다.
○ 응교가 되다.				
○ 4월, 御史로 湖南을 다녀오다.				
○ 5월, 다시 응교가 되다. 실록을 찬수한 공로로 通政에 오르다.				
○ 6월, 廣州 府尹이 되다. 8條 상소를 올리다.				
현종 3	1662	임인	37	겨울, 均田使 閔鼎重이 量田을 엄하게 하지 못한 수령으로 抄啓하다.
현종 4	1663	계묘	38	量田 失策에 대한 처벌로 決杖의 명이 내려졌는데 李景奭의 上箚로 모면하다.
○ 4월, 대사간이 되다. 당시에 아우 金壽恒이 대사헌이었으므로 인피하고, 量田 때의 잘못을 들어 사직하였으나 받아들여지지 않다.				
○ 尹善道를 伸救하는 상소를 올린 수찬 洪宇遠의 삭출을 계청하다.				
○ 7월, 체차되어 부호군이 되다.				
○ 9월, 동부승지가 되다.				
○ 11월, 우부승지가 되다.				

왕력	서기	간지	연령	기사
현종 5	1664	갑진	39	2월, 대사간이 되다.

○ 忠淸 水使 朴而晫의 貪臟罪와 전라 감사 趙龜錫의 失政을 논계하다. 御史 吳斗寅을 논계하다. 時弊에 대한 8條 상소를 올리다.

○ 4월, 동부승지가 되다.

○ 5월, 병조 참의가 되다.

○ 6월, 우부승지가 되다. 이후 대사간, 대사성, 우부승지가 되다.

○ 12월, 京畿 監司가 되다.

현종 6	1665	을사	40	11월, 경기 감사에 잉임되다.
현종 7	1666	병오	41	1월, 도승지가 되다.

○ 2월, 소결청 당상이 되다. 嶺儒 柳世哲 등이 상소하여 服制論을 거론하니, 陳啓하여 辨破하다.

○ 7월, 청 나라 사신이 弘濟院에 이르자 영상 許積과 함께 나가 맞이하다.

○ 8월, 호조 판서가 되다.

○ 12월, 永寧殿修改都監 및 世子冊禮都監 당상에 차임되다.

현종 8	1667	정미	42	2월, 사옹원 제조가 되다.

○ 8월, 승문원 제조가 되다.

○ 9월, 진휼청 당상을 겸하다.

○ 10월, 集祥殿修改廳 당상이 되다.

현종 9	1668	무신	43	2월, 호조 판서에서 면직되어 좌참찬이 되다.

○ 生父 金光燦의 喪을 당하다.

현종 11	1670	경술	45	服喪을 마치고 護軍이 되다.

○ 윤2월, 集祥殿을 修改한 공로로 숭록대부에 오르다.

○ 5월, 지중추부사, 한성부 판윤이 되다.

○ 6월, 총융사가 되다.

○ 8월, 江華 留守가 되다.

○ 10월, 入對하여 강화부의 폐단을 아뢰다.

왕력	서기	간지	연령	기사
현종 12	1671	신해	46	4월, 상소하여 강화부의 軍餉을 논하다.
○ 6월, 호조 판서가 되다. 훈련도감과 사재감 등의 제조를 겸하다.				
○ 8월, 휴가를 청하여 先塋에 掃墳하다. 승문원 제조를 겸하다.				
○ 9월, 濟州에 극심한 흉년이 들자 漢拏山에 제사지내기를 청하다.				
○ 11월, 다시 소결청 당상과 총융사를 겸하다.				
현종 13	1672	임자	47	2월, 知經筵을 겸하다.
○ 4월, 사역원 제조를 겸하다.				
○ 11월, 사복시 제조가 되다.				
현종 14	1673	계축	48	2월, 판의금이 되다.
○ 4월, 호조 판서에서 체차되어 우의정이 되다.				
○ 6월, 총호사를 겸하다.				
현종 15	1674	갑인	49	1월, 御營 都提調를 겸하다.
○ 2월, 仁宣王后가 홍서함에 內局을 겸했었다는 이유로 대죄하다.				
○ 4월, 그동안 獨相으로 있다가 이때에 三公이 갖추어져 영의정에 제수되다.				
○ 7월, 禮制를 논하면서 효종을 正體가 아니라고 하다. 현종의 노여움을 사서 春川에 中途付處하라는 명이 내리다.				
○ 8월, 현종이 승하하다. 春川에 유배되다.				
숙종 1	1675	을묘	50	사면되어 楊州 金村으로 돌아와 직첩을 돌려받다.
숙종 2	1676	병진	51	雙樹驛村의 退谷으로 이주하다.
숙종 3	1677	정사	52	告廟論이 일어났다는 말을 듣고 도성에 들어가 金萬基 등과 함께 金吾에서 待命하다.
숙종 5	1679	기미	54	宋尙敏의 獄事로 인하여 宋時烈을 加罪하자, 가족을 이끌고 嘉陵 계곡으로 들어가다.
숙종 6	1680	경신	55	4월, 李枏, 許堅 등의 모반사건이 발각된 뒤 아우 金壽恒이 유배지에서 불려와 영의정이 되다.
○ 곧 영중추부사가 되다.				
○ 8월, 謝恩陳奏兼冬至上使가 되다.				
○ 宋時烈이 영중추부사가 되었기 때문에 판중추부사로 降拜되다.				
○ 11월, 북경에 가다.				

왕력	서기	간지	연령	기사
숙종 7	1681	신유	56	3월, 복명하다.
숙종 9	1683	계해	58	영중추부사가 되다.
숙종 10	1684	갑자	59	1월, 내국 도제조를 겸하다.
숙종 12	1686	병인	61	1월, 宋時烈이 「朱書節要」와 「朱文酌海」를 통합하여 만든 「節酌通編」을 兩南으로 하여금 간행하게 할 것을 청하다.
○ 4월, 송시열이 註釋한 「朱子大全箚疑」를 간행하게 할 것을 청하다.				
○ 12월, 군자감 도제조를 겸하다.				
숙종 13	1687	정묘	62	大王大妃冊寶修改都監 都提調를 겸하다.
숙종 14	1688	무진	63	2월, 英陵의 행행에 扈駕하여 남한산성에 다녀오다.
○ 3월, 摹寫都監 都提調가 되어 全州에 가서 태조대왕 影幀을 모셔오다.				
○ 7월, 영의정이 되다.				
숙종 15	1689	기사	64	1월, 金宗直에게 賜諡, 追贈할 것을 청하다.
○ 2월, 引對에서 불손한 언사가 있었다는 이유로 파직되다.				
○ 대간의 논박을 받아 삭탈관작되고 문외출송되어 長鬐에 安置되다.				
숙종 16	1690	경오	65	10월 12일, 長鬐 謫所에서 졸하다.
숙종 17	1691	신미		1월, 栗北의 부친 묘소 아래에 장사 지내다.
○ 9월, 金村에 改葬하다.				
숙종 20	1694	갑술		4월, 官爵을 회복하라는 명이 내리다.
숙종 36	1710	경인		아들 臨陂 縣令 金昌說이 활자로 문집을 간행하다.

〈출처: 규장각〉

당시의 시대적 배경과 1, 2차 예송(禮訟)

자의대비(慈懿大妃) 복상문제

조선 현종 때 궁중의례의 적용문제, 특히 복상(服喪)기간을 둘러싸고 서인과 남인 사이에 크게 논란이 벌어진 두 차례의 사건으로서 궁중의례를 둘러싼 논란은 조선시대에 들어와서도 여러 차례 있었다. 현종대 두 차례의 예송의 배경은, 각 학파 내지 정파 사이에 있던 예학적(禮學的) 기반의 차이였는데, 이후 정국의 변동에 중요한 변수로 작용한 사건이다. 이는 17세기의 조선 사회에서 이념적 규정성이 정치적·사상적으로 큰 변수로 작용하였음을 뜻한다.

1차 예송(기해예송)은 효종이 죽은 뒤 그의 계모인 자의대비(慈懿大妃:趙大妃)가 효종의 상(喪)에 어떤 복을 입을 것인가를 두고 일어난 논란이었다. 조선 사회의 지배이념인 성리학에 근거한 예론(禮論)에서는 자식이 부모에 앞서 죽었을 때 그 부모는 그 자식이 적장자(嫡長子)인 경우는 3년상을, 그 이하 차자일 경우에는 1년상을 입도록 규정하였다. 인조는 첫째아들인 소현세자(昭顯世子)가 죽은 뒤 그의 아들이 있었음에도, 차자인 봉림대군(鳳林大君)을 세자로 책봉하여 왕통을 계승하게 하였다. 따라서 효종이 왕위에 오름으로써 왕통은 인조-효종으로 이어졌지만 적장자(적장자가 유고 시 적장손)가 잇는 관념에서는 벗어난 일이었다.

여기에 1차 예송의 예론적 배경이 있다. 즉, 왕가라는 특수층의 의례가 종법(宗法)에 우선할 수 있는가 그렇지 않은가 하는 관점의 차이가 반영되어 있었다. 효종의 즉위와 같은 왕위계승에 나타나는 종통의 불일치를 성서탈적(聖庶奪嫡)이라고 표현하였는데, 기왕의 적통이 끊어지고 새로운 적통에 의해 왕위가 이어지게 되었음을 의미하는 말이다. 이는 왕위계승이 종법의 원리에 맞지 않는다 하더라도 이를 종법 체계 내에서 이해하고자 하는 것으로, 왕가의 의례라 할지라도 원칙인 종법으로부터 벗어나서는 안 된다는 관념의 표현이었다. 따라서 이러한 규정에 의거할 경우, 효종은 왕통상으로는 인조의 적통을 이었지만, 종법상으로는 인조의 둘째 아들이므로 효종의 계모인 자의대비는 당연히 종법에 따라 1년상을 입어야 할 일이었다.

송시열(宋時烈)을 중심으로 한 서인 계열에서 1년상을 주장한 데 반하여 남인 계열에서는 윤휴(尹鑴), 허목(許穆), 윤선도(尹善道) 등이 그러한 주장을 반박하고 나옴으로써 1차 예송이 본격화되었다. 남인 측의 주장은 차자로 출생하였더라도 왕위에 오르면 장자가 될 수 있다는 허목의 차장자설에서 잘 드러난다. 이러한 논리는 천리(天理)인 종법이 왕가의 의례에서는 변칙적으로 적용될 수 있다는 것이었다. 이러한 남인 측의 주장은 "왕자예부동사서(王者禮不同士庶)"라는 말로 표현된다. 이러한 논리에 따르면 효종은 당연히 장자가 되는 것이며, 자의대비는 효종을 위하여 3년의 복을 입어야 할 것이었다. 서인과 남인의 왕실 전례에 대한 이러한 입장의 차이는 단순한 예론상의 논란이 아니라, 그들이 우주 만물의 원리로 인정한 종법의 적용에 대한 해석의 차이였으며, 이는 현실적으로는 권력구조와 연계된 견해 차이였으므로 민감한 반응으로 대립한 것이다.

1차 예송은 예론상으로는 종통문제를 변별하는 것이 핵심을 이루었으나, 결국 『경국대전』에 장자와 차자의 구분 없이 1년상을 입게 한 규정(국제기년복)에 의거하는 것으로 결말지어졌다. 결과적으로는 서인의 예론이 승리를 거두었으므로 서인정권은 현종 연간에 계속 유지될 수 있었다. 그러나 종법질서에 있어서 효종의 위상에 대한 논란은 결론을 보지 못하였으며, 이 문제는 결국 2차 예송의 빌미가 되었다.

2차 예송(갑인예송)은 효종의 비인 인선왕후(仁宣王后)가 죽자 조대비(趙大妃, 자의대비)가 어떤 상복을 입을 것인가 하는 문제를 놓고 벌어졌다. 1차 예송에서는 국제기년복(國制朞年服)이 채택됨으로써 효종의 장자·차자 문제가 애매하게 처리되었으나, 인선대비가 죽으면서 이 문제가 다시 표면으로 떠올랐다. 즉 효종을 장자로 인정한다면 인선대비는 장자부이므로 대왕대비는 기년복(1년)을 입어야 하지만, 효종을 차자로 볼 경우 복제는 대공복(大功服, 9개월)이 되어야 하기 때문이었다. 예조에서는 처음에 기년복으로 정하였다가, 다시 꼬리표를 붙여서 대공복으로 복제를 바꾸어 올렸다. 현종은 예조에서 대공복제를 채택한 것은 결국 효종을 차자로 보고 있음을 의미하는 것이라 하여 잘못 적용된 예제로 판정하였다. 이후 송시열계의 서인세력이 대대적으로 정계에서 축출되면서 결국에는 남인정권이 들어서는 계기를 이루었다.

예송은 사상적으로 서인과 남인 사이의 예학적 전통의 차이가 내재되었으며, 정치적으로는 정국의 변동을 가져오는 등, 예 자체의 문제를 넘어서는 중요한 사건이다. 2차 예송의 경우 현실적으로는 서인 송시열 계열과 비송시열 계열, 남인세력, 왕실의 입장 등 다양한 변수가 개재되는 등 보다 복잡한 양상을 띠었지만, 여전히 1차 예송에서의 예학상의 문제가 논쟁의 본질을 이룬다. 이것은 곧 17세기의 경우 서인과 남인 내에서 있어 온 예학적·학문적 특성이 현실적인 권력상의 복잡한 여러 변수에도 불구하고 예송의 전개과정에서 저류를 형성하고 있었음을 의미한다. 서인은 김장생(金長生)으로부터 이어지는 예학적 전통 속에서 주자학을 절대 신봉하는 반면, 근기남인은 원시유학인 육경(六經)을 중시하면서 고학(古學)으로 회귀하고자 하는 경향성을 가졌으며, 이러한 경향성은 권력구조(權力構造)의 측면에서도 각각 신권 중심, 왕권 중심의 두 경향을 띠고 있었던 것으로 이해된다.

경신대출척

일명 '경신환국(庚申換局)'이라고도 하며 1680년(숙종 6) 남인(南人)이 대거 실각하여 정권에서 물러난 사건을 말하며. 이 사건으로 서인(西人)이 득세하였다. 1674년(현종 15) 예송(禮訟)에서의 승리로 정권을 장악한 남인은 현종에 이어 왕위에 오른 숙종으로부터는 신임을 얻

지 못했다. 이것은 남인끼리 청남(淸南)·탁남(濁南)으로 갈라져 서로 싸우고, 한편으로는 권력을 장악한 남인 세력에 대한 염증 때문이었다.

경신년인 1680년 3월 당시 남인의 영수이며 영의정인 허적(許積)의 집에 그의 조부 허잠(許潛)을 위한 연시연(延諡宴, 시호를 받은 데 대한 잔치)이 있었다. 이때 이번 연회에 병판(兵判) 김석주(金錫胄), 숙종의 장인인 광성부원군(光城府院君) 김만기(金萬基)를 독주로 죽일 것이요, 허적의 서자(庶子) 견(堅)은 무사를 매복시킨다는 유언비어가 퍼졌다. 김석주는 핑계를 대고 불참하고 김만기만 참석하였다. 그 날 비가 오자 숙종은 궁중에서 쓰는 용봉차일(龍鳳遮日, 기름을 칠하여 물이 새지 않도록 만든 천막)을 보내려고 하였으나 벌써 허적이 가져간 뒤였다. 숙종은 노하여 허적의 집을 염탐하게 하였는데 남인은 다 모였으나 서인은 김만기, 신여철(申汝哲) 등 몇 사람뿐이었다. 이에 노한 숙종은 철원(鐵原)에 귀양 갔던 김수항(金壽恒)을 불러 영의정으로 삼고, 조정(朝廷)의 요직을 모두 서인으로 바꾸는 한편, 이조판서 이원정(李元禎)의 관작(官爵)을 삭탈하여 문밖으로 내쫓으라고 하였다.

다음 달인 4월, 정원로(鄭元老)의 고변(告變)으로 허견(許堅)의 역모가 적발되었다. 이른바 '삼복의 변(三福之變)'으로, 인조의 손자이며 숙종의 5촌인 복창군(福昌君), 복선군(福善君), 복평군(福平君) 3형제가 허견과 결탁하여 역모하였다는 것이다. 그 내용은 허견이 복선군을 보고 "주상께서 몸이 약하고, 형제도 아들도 없는데 만일 불행한 일이 생기는 날에는 대감이 왕위를 이을 후계자가 될 것이오. 이때 만일 서인(西人)들이 임성군(臨城君)을 추대한다면 대감을 위해서 병력(兵力)으로 뒷받침하겠소." 하였으나 복선군은 아무 말도 없더라는 것이었다.

이들은 모두 잡혀와 고문 끝에 처형되었고 허견, 복창군, 복선군 등은 귀양 갔다가 다시 잡혀 와 죽고, 허견의 아버지 허적은 처음에는 그 사실을 몰랐다고 하여 죽음을 면하였으나, 뒤에 악자(惡子)를 엄호하였다 하여 죽임을 당하였다. 이로써 남인은 완전히 몰락하고 서인들이 득세하기 시작하였다.

다시 남인(南人)이 집권

기사환국(己巳換局)이라고도 하는 이 사건은 1680년(숙종 6)의 경신출척(庚申黜陟)으로 실세하였던 남인(南人)이 1689년 원자정호(元子定號) 문제로 숙종의 환심을 사서 서인(西人)을 몰아내고 재집권한 일이며, 숙종의 계비(繼妃) 민씨(閔氏)가 왕비로 책립된 지 여러 해가 되도록 후사를 낳지 못하자, 숙종은 후궁인 숙원 장씨(淑媛張氏)를 총애하게 되었다. 그러자 장씨의 오라비 장희재(張希載)를 중심으로 여러 가지 폐단이 생겼는데, 조정에서는 이 일을 중요시하여 궁중의 내사(內事)까지 논간(論諫)하기에 이르렀다. 그러던 차에 장씨가 왕자 윤(昀)을 낳았다. 숙종은 윤을 원자(元子)로 책봉하고 장씨를 희빈(禧嬪)으로 삼으려 하였다.

이때 당시의 집권세력이던 서인은 정비(正妃) 민씨가 아직 나이 젊으므로 그의 몸에서 후사가 나기를 기다려 적자(嫡子)로써 왕위를 계승함이 옳다 하여 원자책봉을 반대하였다. 그러나 남인들은 숙종의 주장을 지지하였고, 숙종은 숙종 대로 서인의 전횡을 누르기 위하여 남인을 등용하는 한편, 원자의 명호를 자기 뜻대로 정하고 숙원을 희빈으로 책봉하였다.

서인의 영수인 송시열(宋時烈)은 상소를 올려 숙종의 처사를 잘못이라고 간하였다. 숙종은 원자정호와 희빈 책봉이 이미 끝났는데, 한 나라의 원로 정치인이 상소질을 하여 정국(政局)을 어지럽게 만든다고 분개하던 차에 남인 이현기(李玄紀) 등이 송시열의 주장을 반박하는 상소를 올렸으므로, 이를 기화로 송시열을 삭탈관직하고 제주로 귀양보냈다가 후에 사약(賜藥)을 내렸다. 송시열의 사사(賜死)로 된 서리를 맞은 서인은 이어서 김수흥(金壽興), 김수항(金壽恒) 등의 거물 정치인을 비롯하여 많은 사람이 파직되고, 또는 유배되어 서인은 조정에서 물러나고, 그 대신 권대운(權大運), 김덕원(金德遠), 목래선(睦來善), 여성제(呂聖齊) 등의 남인이 득세하였다. 이 환국(換局)의 여파로 민비는 폐출(廢黜)되고, 장희빈은 정비가 되었다고 한다.

〈출처: 규장각〉

이러한 복잡한 조선시대의 정치적 배경으로 결국 형제간에 영의정에 올랐던 김수흥(金壽興)은 믿고 따르던 송시열보다 19살 아래이나 우리 고향인 장기 땅으로의 유배는 그보다 14년 후에 밟게 되고, 그 이듬해 65세 되던 해인 1690년(숙종 16) 10월 12일 날 적소(謫所)인 장기에서 생을 마감하게 되었다. 그러나 오랫동안 장기 유배생활에 대해선 아무것도 알려지지 않고 있어 고서들을 더 뒤적여봐야 할 것 같다.

영의정에 올랐던 김수흥(金壽興)[10]이 우리 고향 장기 땅에서 영면하고 난 후의 기록을 잠깐 살펴보면 같은 해 12월 11일에 헌부(憲府)에서 아뢰기를, "접때 장기(長鬐)에 안치(安置)하였던 죄인 김수흥(金壽興)의 상구(喪柩)가 올라올 때에, 경주 영장(慶州營將) 남언(南巘)이 편오군(編伍軍) 2초(哨)를 내어 그 장관(將官)을 시켜 거느려서 매게까지 하였으니, 나문(拿問)하여 죄를 정하소서." 하니, 그대로 따랐다는 자료도 찾아볼 수 있었다. 그 이듬해인 1691년 1월에 율북(栗北)의 부친 묘소 아래에 장사지낸다고 그해 9월에는 다시 금촌(金村)에 개장(改葬)하였다.

이제 우암과 퇴우당 두 어른이 헤어진 지 300년이 넘었으나 그때 나라를 위하며 격론를 벌이시던 모습을 떠올리면 우암 선생은 몇 년 전 다행히도 장기의 뜻있는 분들에 의하여 시비라도 모셔졌지만, 퇴우당 어른도 지금 우암 옆에다 모셔서 그 옛날처럼 만나게 해 드리는 것도 우리 장기 사람들의 몫이 아닌가 싶다.

그리고 우리 장기에는 이러한 유명하신 분들뿐만 아니라 더 많은 분들이 우리 고향 땅으로 유배 온 기록들을 볼 수 있었지만, 이분들에 대한 소개는 차후로 미루고, 왜 장기 땅이 당시의 유배지로 각

---

10 역사상 형제 영의정은 안동김씨의 김수흥(金壽興), 수항(壽恒) 형제와 평산신씨 신만(申晚), 신회(申晦) 형제는 영조 때 영의정을 지냈고, 그리고 김병학(金炳學), 김병국(金炳國) 형제 등 셋뿐으로 알고 있다.

광(?)을 받았는지 살펴보겠다. 한양에서의 유배는 천 리 밖으로 보내는 것이며, 우리 고장 장기는 한양에서 천 리를 조금 벗어난 지점이라는 점이다. 현재 부산, 동래, 기장 쪽은 장기보다 왜구와의 접촉이 잦고, 배를 타고 일본으로 탈출이 용이하였다고 전하며, 그곳에 비하면 장기 땅이 더 적합하였으리라 생각된다.

어쨌든 우리 장기 땅에 유배된 많은 분들의 영향으로 지금까지도 예의 바르고 효심이 지극한 근본적인 마음가짐이 있으며 학업과 연구분야도 타 지역에 비하면 탁월하여 고향의 역사도 가장 많이 발굴하고 있다고 보인다.

9장

'호미곶, 이라는 엉터리 지명은 없애야 한다

삼 면이 바다로 둘러싸인 호미곶은 영일만의 끝부분이며 근처 바다는 한류와 난류가 교차하는 해역으로 각종 물고기가 많아 정치망 어업이 활발하고, 오징어, 꽁치, 고등어, 김, 미역, 전복, 성게 등 각종 수산자원이 풍부하기로 유명하다. 또 이곳은 손꼽히는 해돋이 명소이기도 하고 대보등대와 등대박물관도 있어 유명한 관광명소이자 청정해역을 보유하고 있어 호미곶 자체가 자연공원이라 할 만큼 산세가 수려하고 주변이 웅장하다. 특히 이곳 해맞이 광장의 기념 조형물인 상생의 손은 사람의 양손을 청동 소재로 바다와 육지에 각각 설치하여 서로 마주 보는 형상으로 상생과 화합을 상징하고 있다고 한다.

지금 이 지역은 경상북도 포항시 남구 대보면에 속해 있지만 조선 시대에는 호미곶을 포함한 장기반도의 대부분이 장기현(長鬐縣)에 속

하였다. 토함산을 주봉으로 하고 지반의 융기운동에 의하여 형성된 장기반도에는 현무암, 조면암이 분포하여 현재도 지질학계에서는 주 연구대상으로 꼽히고 있어 역사 깊은 우리 장기인들의 마음을 아직도 뿌듯하게 해주고 있다.

어릴 적엔 내 고향이 장기라고 하면 낯선 이들 대부분이 장기곶으로 인식하고 되물어오던 기억이 난다. 그래서 그때 나름대로 내 고향 장기를 설명하기 위하여 장기현에 대한 역사를 들춰보기 시작하였기에 지금도 고향역사에 대해 깊이 알고자 하는 단초가 되지 않았나 여겨진다.

조선시대 장기현(長鬐縣)에서는 나라에 필요한 말들을 기르는 목장이 있었는데 워낙 풍토가 사납고 기후가 좋지 않아 '샛바람에 말이 얼어 죽는다'는 얘기가 있을 정도로 땅이 좋지 않았기에 우암 송시열, 다산 정약용, 퇴우당 김수홍 등 많은 유명인사들이 이곳에서 유배생활을 하기도 하였다. 지금도 대보등대가 있는 구만리 앞바다에는 '교석초'라는 다릿돌이 있는데 '옛날에 마고할멈이 영덕군 축산쪽의 남편을 만나기 위해 돌다리를 놓았는데, 닭 울음소리가 날 때까지 다 놓지를 못했다'는 애통한 전설이 내려오고 있다. 또 구만리 해안의 '까꾸리개'라 불리는 갯마을은 이 지역에 풍파가 심하면 청어가 뭍으로 밀려 나오는 경우가 허다하여 갈고리로 끌었다는 뜻에서 지어진 마을 이름이라고 한다.

이렇듯 유서 깊고 산세가 수려한 곳을 우리는 지금 '호미곶'이라 부른다.

한마디로 '호미곶'이란 어원은 조선 명종 때 풍수지리학자인 남사고가 '산수비경(山水秘境)'에서 한반도는 백두산 호랑이가 앞발로 연해주를 할퀴는 형상으로, 백두산은 호랑이 코, 당시의 동을배곶(冬乙背串)을 호랑이 꼬리에 해당하고 천하의 명당이라 하였던 것이 근원이 되었음을 부인할 수 없을 것이다. 대동여지도를 만든 고산 김정호는 국토 최동단을 측정하기 위해 장기의 장기곶과 죽변의 용추곶 중에 어느 쪽이 더 동해로 튀어나왔는지를 재려고 장기와 죽변 사이를 일곱 차례나 오가며 대동여지도에 정확히 반영하여 장기곶이 더 튀어나오게 그렸다고 한다. 이후에 일본의 지리학자 고토 분지로(小藤文次郞)가 '한국 지형의 윤곽은 한 마리의 토끼를 닮았다'고 주장하였으며, 또한 육당 최남선은 백두산호랑이가 연해주를 할퀴고 있는 형상으로 한반도를 묘사하면서 이곳을 '호랑이 꼬리'라고 하였고 조선10경에서도 일출은 경상도 포항 장기만 꼽을 정도의 최

고로 여겼다. 그러는 사이 한반도는 호랑이 형상에서 어느새 토끼 형상이었다가 다시 호랑이로 변하더니 장기갑은 장기곶을 거쳐 현재는 호미곶(虎尾串)으로 거듭 이름이 고쳐져 불리고 있어 안타깝다. 천 년이 넘은 장기라는 지명이 토끼를 지칭하는 것도 아니며 한반도가 토끼 형상이든, 호랑이

형상이든 괜히 일본에 대한 피해망상적인 지명변경으로 볼 수밖에 없다.

▲ 조선10경(朝鮮十景)
　　천지 神光: 평안도 白頭山 天池
　　압록 汽笛: 평안도 鴨綠江 汽船 警笛
　　대동 春興: 평안도 대동강 변 長成 大野 春興
　　재령 觀稼: 황해도 九月山 洞仙嶺
　　금강 秋色: 강원도 금강산
　　경포 月華: 강원도 강릉 경포대 夜 月咬
　　장기 日出: 경상도 포항 長鬐 朝 日出 狀
　　변산 落照: 전라도 부안 변산 낙조
　　연평 漁火: 황해도 연평도 고기잡이 어선 불
　　제주 望海: 제주도 茫茫 大海

　그렇다면 호미(虎尾)라는 단어는 어디에서부터 나왔을까? 필자는 궁금하여 조선왕조실록을 살펴보았는데 '호미(虎尾)'라는 단어가 나오긴 하나, 현재 지명 '호미곶(虎尾串)'과는 전혀 다른 의미에서 사용되고 있었다.

예종실록 예종 1년(1469년 기축) 2월 29일(갑인)
"신 등은 곧 족친위(族親衛)로, 그 영위(榮位)가 지척(咫尺)의 반열(班列)에 있어, 대궐에 들어서는 이두(螭頭)에서 시위(侍衛)하고, 나가서는 호미(虎尾)에서 배종(陪從)하여, 국가와 더불어 기쁨을 같이하는 의리(義理)에 있으니, 실로 마음에 절실하여 감히 죽음을 모르고 아뢰는 바입니다."

　위에서 호미(虎尾)는 범의 꼬리란 뜻이긴 하나 여기서는 임금 행차의 뒤를 말하고 있다.

선조실록 선조 10년(1577 정축) 5월 3일(경인)

『서경(書經)』 군아편(君牙篇)의 첫머리부터 '너의 마음을 중도에 맞게 하라. 惟爾之中'까지 진강하였는데, 강독을 하다가 '호랑이 꼬리를 밟은 듯이 봄에 얼음판을 건너듯이 조심하다. 若蹈虎尾 涉于春水'는 데에 이르러 김우옹(金宇顯)이 아뢰기를, "이는 조심하고 두려워하라는 뜻입니다."

선조실록 선조 29년(1596 병신) 1월 17일(갑신)

상이 이르기를, "여기에 '호랑이의 꼬리를 밟았다. 履虎尾'라고 이른 것은 위태함을 말한 것인가?"

1993년에 울진문화원에서 펴낸 『격암선생일고역(格菴先生逸稿譯)』이란 책에서 '장기갑호미등비(長鬐岬虎尾嶝碑)'에 관한 내용을 살펴보면,

위치: 경북 영일군 대보면 대보박물관 입구 장기갑호미등
대보(大甫)는 예부터 자연경관이 수려하여 대한십경(大韓十景)의 하나이며, 조선 명종조 풍수지리학자인 철인 격암(格菴) 남사고(南師古) 산수비록(山水秘錄)에서 이곳을 호미등(虎尾嶝)이라 하여 범꼬리라 불렀다. 격암산수비록(창주봉래산하 유호미등명당 滄洲蓬萊山下 有虎尾嶝名堂)

여기에서 말하는 '창주봉래산하 유호미등명당'의 '창주(滄洲)'는 지금의 '구룡포읍'을 포함하는 지역으로 예전 일제시대에 '창주면'이라는 지명이 있었던 것이므로 충분히 이해가 되고, '봉래산'은 지금의 어느 산을 가리키는지 알 수 없으나 '호미등(虎尾嶝)'이란 것은 보통 '등(嶝)'은 고개를 말하는 것인데, 이것은 '해안'이나 '강'의 지형에 쓰이는 '곶(串)'이라는 뜻과 전혀 다른 의미로서 지금의 '호미곶'과 일치

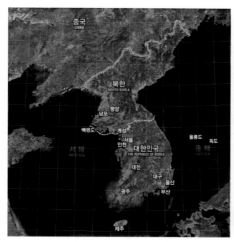

하는 것은 아니라고 본다. 결국 위의 글을 직역하자면 창주지역의 봉래산 밑 어디에 호랑이 꼬리 형상을 한 고개에 명당자리가 있다는 것을 말하는 게 아닌가 싶지만, 여기에 나오는 호미등이 바로 '호미곶'이라는 지명이 생겨난 출처가 되었으리라 생각케 한다.

나중에 이 말은 일본 고토 분지로(小藤文次郞)가 토끼를 닮은 한반도의 '토끼 꼬리'라는데 대해 남사고의 호랑이 형상을 지닌 한반도나 《소년》 창간호에 나온 최남선의 '봉길이 지리 공부'에서 말하듯이 지리공부의 한 방편으로 가급적 진취적 기상 같은 것을 표현하기 위해 토끼보다는 호랑이가 더 재미있고 적합하다고 주장하고 창안함으로써, 이러한 강력한 근거로 인하여 '호미곶'이라는 지명으로 귀결되었다고 여겨진다. 그러나 하나 간과하여야 할 점은 두 가지의 근거가 모두 한반도 전체 모양을 따져서 호랑이 형상이라는 것이지, 절대 장기현의 장기곶을 두고 호랑이 꼬리라고 한 적이 없다는 것이다.

그렇다면 이제 이 지역의 지명에 대한 지도나 문헌을 통해 역사적 자료를 살펴보자.

결론부터 말하면 이곳의 지명은 대게 동을배곶(冬乙背串) → 동외곶(冬外串) → 장기갑(長鬐岬) → 장기곶(長鬐串) → 호미곶(虎尾串)으로 변천하여 왔음을 알 수 있다.

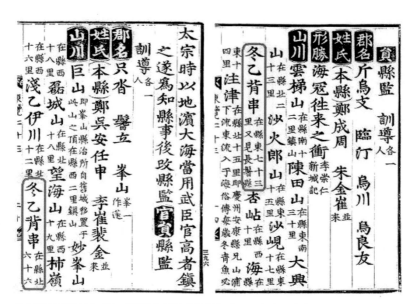

『신증동국여지승람』 권23 '영일현'과 '장기현' 항목에는 '동을배곶'이라는 표현이 거듭 나온다.

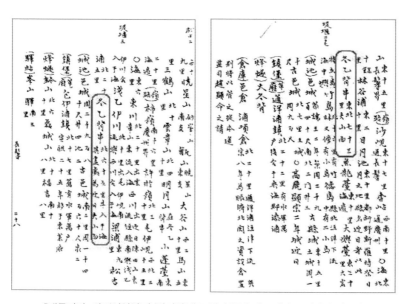

『대동지지』 권7 '영일현'과 '장기현'에도 역시 '동을배곶'이라는 명칭이 나온다.

이러한 고문헌에서 보듯이 호미곶이나 장기갑, 장기곶보다도 훨씬 앞서 '동을배곶'이라는 이름을 조선시대 내내 가지고 있었음을 알 수 있고, 이를 뒷받침하듯 '조선왕조실록'에는 '동을배곶'이란 지명이 여러 차례 더 나타나고 있다.

세종실록 세종 14년(1432년) 12월 1일(병술) 3책 428면

이조에서 아뢰기를, "이제 경상도 동을배곶이(冬乙背串)에 이미 목장을 설치하였 사오니, 청컨대 영일(迎日), 장기(長鬐)의 두 고을 수령으로 감목관(監牧官)을 겸임 하게 하소서." 하니, 그대로 따랐다.

세종실록 지리지 경상도 경주부 영일현 5집 641면

봉화(烽火)가 2곳이니, 동을배곶(冬乙背串)은 현 동쪽에 있고, 남쪽으로는 장기현 (長鬐縣) 장곡(獐谷)에 응하고, 북쪽으로 흥해현(興海縣)의 지을(知乙)에 응한다. 사 화랑점(沙火郎岾)은 현 동쪽에 있다. 남쪽으로 장기현의 뇌산(磊山)에 응하고, 서 쪽으로 안강현(安康縣) 형산(兄山)에 응한다.

세종실록 지리지 경상도 경주부 흥해군 5책 639면

역(驛)이 1이니, 신역(新驛)이요, 봉화가 2곳이니, 지을산(知乙山)은 군(郡) 동쪽에 있다. 남쪽으로 영일(迎日) 동을배곶(冬乙背串) 봉화에 응하고, 북쪽으로 본군(本 郡) 오연대(烏烟臺) 봉화에 응한다. 오연대(烏烟臺) 북쪽으로 청하(淸河) 도리산(都 里山) 봉화에 응한다.

문종실록 문종 1년(1451년 신미) 10월 1일(병인) 6책 442면

충청·전라·경상도 도체찰사(忠淸全羅慶尙道都體察使) 정분(鄭苯)이 아뢰기를, "경 상도 영일(迎日)의 동을배포(冬乙背浦)·청하(淸河)의 개질포(介叱浦)·흥해(興海)의 두 모포(豆毛浦) 등지로 병선(兵船)을 옮겨 정박(碇泊)시키고, 백성들을 옮겨서 살게 하는 것이 편한지, 편하지 않을지를 몸소 가서 살펴보았는데, 모두 병선을 정박하기에 적당하지 못하였습니다. (중략) 영일(迎日)의 수잠리(愁暫里) 백성들과 흥해현(興海縣)의 연해(沿海)에 사는 주민은 모두 병선이 정박하는 밖에 있어서 왜선(倭船)이 정박할 수 있는 동을배곶이(冬乙背串) 해문(海門)과 서로 거리가 매우 멀기 때문에 대해(大海)를 환하게 바라볼 수 없으니, 갑자기 적의 변고(變故)라도 있게 되면 변고에 대응할 길이 없습니다.

세조실록 세조 3년(1457년) 1월 16일(신사)

흥해군(興海郡)은 북쪽으로 영해부(寧海府)와의 상거(相距)와 남쪽으로 장기현(長鬐縣)에 이르기가 각기 80여 리(里)나 됩니다. 적(賊)이 만약 장기현의 동을배곶이(冬乙背串)를 경유(經由)한다면 바로 흥해군에 다다를 것이니, 실제로 요충(要衝)의 땅이 되므로 거진(巨鎭)을 설치하는 것이 합당합니다. (중략) 영일현(迎日縣)은 동을배곶이(冬乙背串)와의 상거(相距)가 60여 리(里)이므로 방수(防戍)할 필요는 없지마는, 장기현(長鬐縣)은 바닷길을 통하여 바라다보게 되니 실제로 적로(賊路)의 요충(要衝)이므로, 지금 영일현(寧日縣)의 진(鎭)을 혁파하고 장기현(長鬐縣)에 소속시켜 진을 두는 것이 편리할 것입니다.

우리나라를 그린 지도 중에서 현존하는 가장 오래된 지도라고 알려진 〈혼일강리역대국도지도〉는 일본에서 소장 중이고 이 지도의 모사본이 서울대학교 규장각에 있는데 여기에도 호미곶 지역에 대해서는 '영일'이라는 군현 단위의 지명만 나타난다. 또한, 국내에 현존하는 가장 오래된 우리나라를 그린 전국지도인 〈조선방역지도(1557년)〉에는 이 지역이 좀 더 실제 모양에 가깝게 그려져 있지만, 역시 고유 지명 표기는 나타나지 않는다.

이순우 씨가 『일그러진 근대 역사의 흔적』에서 밝혔듯이 이 지도들에는 공통적으로 현재의 북한 지역에 대한 지리 정보가 남한지

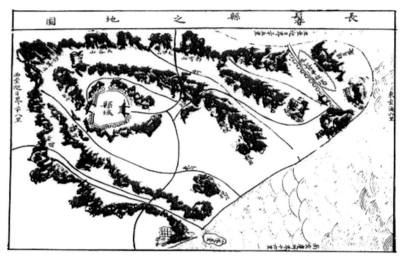

<한국지명총람>에 수록된 '장기현지지도(長鬐縣之地圖)'에도
'동을배곶목장(冬乙背串牧場)'이라는 표시가 보인다.

역에 비해서 상세하지 않고 상대적으로 부정확하게 나타나고 있다.
이것은 아마 조선 세종 때 북방의 국경선이 확정되었지만, 그 지역
에 대한 지리 정보가 충분하지 못했기 때문이 아닌가 추정된다. 그
러므로 이 시기까지 백두산에 대한 약간의 상징이나 숭배의식이 있
기는 했을지 몰라도 한반도 전 국토를 유기체적으로 파악하여 '토
끼'를 닮았다거나 '호랑이'를 닮았다고 하는 그런 개념을 나타내기
힘들지 않았을까 추정된다.

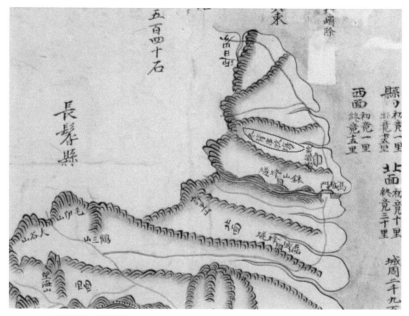

<해동지도> 장기현(長鬐縣) (제작 시기: 1750년대 초, 규격: 47.0×30.5㎝, 구성: 8책)

18세기 중반에 제작된 지도첩으로 전국의 군현에 대한 개별적인 채색 필사도를 묶은 <해동지도>첩의 장기현에는 지도의 북쪽에 '동배곶목장(冬背串牧場)'이라는 지명이 보인다. 동배곶목장은 신라 때부터 말을 키웠던 유서 깊은 목장이기 때문에 표기를 한 것으로 짐작되며, <해동지도>를 통하여 현재의 '호미곶'이 '동배곶(冬背串)'으로도 불렸음을 추정할 수 있고 이 지명은 '동을배곶(冬乙背串)'과 같이 '돌배곶'이라는 우리말을 한자로 옮긴 과정의 표기상 차이가 나타난 것이라 생각된다.

<여지도> 장기현(長鬐縣) (1746년~1767년경 제작, 서울대학교 규장각 소장)

　　<해동지도>와 비슷한 시기에 제작된 <여지도>에는 현재의 '호미곶'이 '동석중목장(冬昔中牧場)'으로 적혀 있는데, 이것은 해동지도를 필사하는 과정에서 발생한 오류로 추정되며 이 지도에는 '목관사(牧館舍)'와 같은 목장과 관련된 지명이 나타난다. 그런데 <해동지도>와 <여지도>에 공통적인 것은 현재의 '호미곶'의 해안선이 거의 돌출되지 않았으며 강조하여 표현하지도 않았다는 것이다.

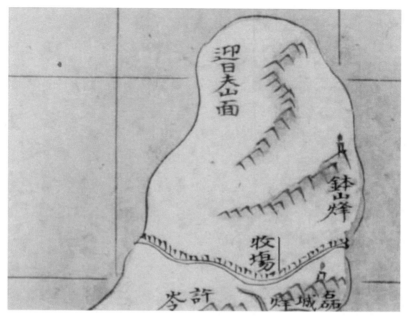

<조선지도> 장기현(長鬐縣) (1750년~1768년, 서울대학교 규장각 소장)

　〈해동지도〉와 〈여지도〉와 거의 비슷한 시기에 제작된 것으로
추정된 〈조선지도〉의 장기현 지도는 앞의 두 지도와 달리 해안선
이 현재와 비슷하게 동물 꼬리처럼 돌출된 것으로 표현되어 있고,
다만 현재의 '호미곶'에 특별한 지명 표기를 하지 않고 '목장(牧場)'이
라는 일반명과 '성(城)'을 기호(또는 그림)로 표시하고 있다.

　이 지도는 정상기(鄭尙驥) 〈동국지도(東國地圖)〉의 원도(原圖)를 그대로 모사·수정한 것으로 총 8장의 분도(分圖) 중 '경상도'에 해당하는 지도이다. 대략 1758년에서 1767년 사이에 제작된 것으로 추정되며 장기반도는 크지는 않지만, 한반도의 모양에서 가장 두드러지는 부분 중 하나이며 동을배곶(冬乙背串)이라 표기하였다. 『여지도서(輿地圖書)』에는 동을배곶목장에 331마리의 말을 키웠다는 기록이 있으며 울산목장에 속해 있었다.

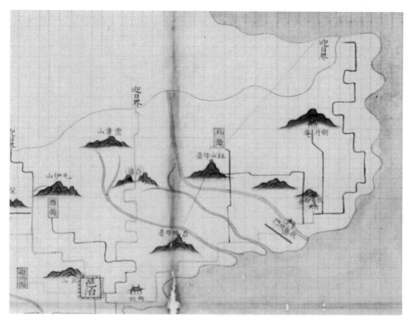

<비변사인 방안지도> 영남지도 중 장기현(長鬐縣) (1745년~1760년경, 서울대학교 규장각 소장)

　　<비변사인 방안지도>의 영남지도 중에서 장기현 지도의 위쪽에
는 목장성문(牧場城門)이 서북-동 방향의 긴 성(城)과 함께 그려져 있
다. 서북쪽은 높은 산지로 이루어져 있어 특별히 성을 만들지는 않
았던 것으로 보인다. 이 지도 위쪽의 오른쪽 끝은 현재의 '호미곶'에
해당되는데, 동북쪽 바닷가로 더 튀어 올라가 있었음에도 약간 왜곡
되어 표현되었고 역시 이 지도에도 특별한 지명표기를 하지 않았다.

<광여도> 장기현(長鬐縣)지도 (제작 시기: 19세기 전반, 규격: 36.8×28.6㎝, 구성: 7책)

　　19세기 전반에 제작된 것으로 추정되는 <광여도>의 장기현지도
에는 목장성문(牧場城門)이 성의 모습과 함께 그려져 있음을 알 수
있다. 이러한 지리 관념은 18세기 말에 제작된 <아국총도> (18세기
말, 채색필사본, 152×82.5㎝, 규장각 소장)에도 그대로 나타나 특별한 군현
이름 외에 특별한 지명표기가 나타나지 않으며, 18세기 후반에 제
작된 <동국대지도> (18세기 후반, 채색필사본, 252.5×139.5㎝, 개인 소장)에
는 '동을배곶(冬乙背串)'이라는 지명이 나타난다.

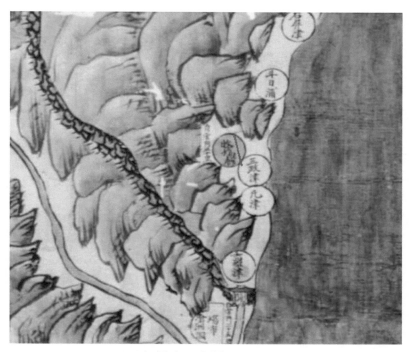

<1872년 지방지도> 장기현(서울대 규장각 소장)

대원군 집권기에 제작된 <1872년 지방지도>의 장기현 지도에는
지금의 구룡포인 사라진(土羅津) 위쪽의 동을배곶(冬乙背串)에는 목장
이 있었는데 지도에는 목장의 경계와 목장관(牧場館)이 표시되어 있
고, 당시 말 787필을 사육하고 있었다고 한다.

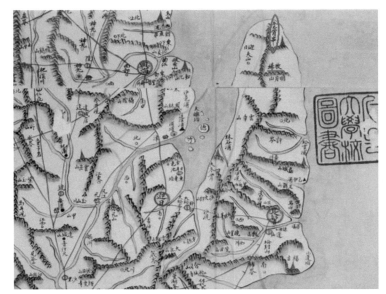

<동여도> 영일 - 장기 부근(19세기 후반, 김정호 제작 추정, 서울대 규장각 소장)

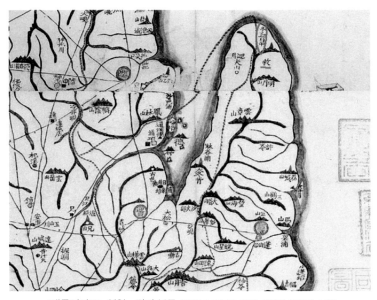

<대동여지도> 영일 - 장기 부근 (1861년, 김정호 제작, 서울대 규장각 소장)

〈동여도〉와 〈대동여지도〉에서는 현재 '호미곶'의 해안선이 현실과 상당히 부합하게 제대로 그려졌고, 그 지명도 '동을배곶(冬乙背串)'이라 적혀 있다. 그리고 두 지도에서 모두 '동배을곶' 아래에 '봉수'와 '목장'을 표기하고 있다.

이상에서 살펴보았듯이 여러 고지도에서는 장기반도의 튀어나온 지형을 '동을배곶(冬乙背串)' 혹은 '동배곶(冬背串)'으로도 불렀음을 추정할 수 있다. 그런데 이 '동을배곶'이라는 명칭은 대한제국 시절에 이르러 '동외곶(冬外串)'이라는 이름으로 여러 곳에서 등장하는데 이 명칭은 '동을배곶'에서 파생된 명칭으로 보이며, '동외곶' 혹은 '장기곶'이라는 이름이 되어야 할 자리에는 진작에 '장기갑'이라는 명칭으로 통용되고 있었지만, 그 앞에 있는 등대의 이름은 계속 '동외곶등대'로 불렸다.

특히 1908년 12월 16일 자 〈대한제국 관보〉에는 '관세국 고시 제58호 한국동안경상북도동외곶등대 및 무적(霧笛)의 신설(1908년 12월 10일)'이라는 내용이 등장하는데, 여기에 바로 '동외곶'이라는 표현이 나온다.

隆熙二年十二月十六日 水曜 대한제국관보 第四千二百五十四號(1908.12.16)
關稅局告示第五十八號 韓國東岸慶尙北道冬外串燈臺及 霧笛의新設一隆熙二年十二月二十日로부터韓國東岸慶尙北道迎日灣의 東角冬外串에建設ᄒ燈臺에서每夜日沒로부터日出ᄭ지點 燈ᄒ고又霧笛은霧雪其他冥濛ᄒ天候에此를吹鳴ᄒᆷ…

內閣法制局官報課

一、燈臺의 位置と 日本水路部刊行海圖第三百二十二號에 依ᄒᆞ
左와 如ᄒᆞ
北緯四十度三十九分三十秒
東經百二十九度十四秒

一、燈臺ᄂᆞᆫ 混凝土造八角形이며 白色으로지지二尺이라

一、燈火ᄂᆞᆫ 第六等連閃白色燈이며 每十五秒時ᄅᆞᆯ 隔ᄒᆞ야 五秒時
間에 二連閃光을 發ᄒᆞ며
燈火의 中心은 高潮平均水面으로부터 高百七十尺이며 晴期
ᄒᆞ 夜에 際ᄒᆞᆫ 水面上十五尺의 上에 在ᄒᆞ 觀測者と 二十四海里
의 距離에셔 此를 始見ᄒᆞᆷ을 可得ᄒᆞ

燈火ᄂᆞᆫ 南十一度三十五分東으로부터 南、西及北을 經ᄒᆞ야
北二十九度四十分東々지二百二十一度十五分間을 照輝ᄒᆞ
但明弧ᄂᆞᆫ 海上一로부터 東ᄒᆞ야 方位ᄂᆞᆫ 磁針으로써 測
定ᄒᆞ

一、霧笛은 手働壓搾空氣니 船舶의 汽笛을 開ᄒᆞ時と 二十秒時
ᄅᆞᆯ 隔ᄒᆞ야 五秒時間式二十四回를 吹鳴ᄒᆞ고 尙且 必要로 認ᄒᆞ
時ᄂᆞᆫ 五分時의 後에 再次前과 如히 吹鳴ᄒᆞ

右告示ᄒᆞ
隆熙二年十二月十日

關稅局告示第五十八號
韓國東岸慶尙北道冬外串燈臺及
霧笛의 新設
一、燈臺ᄂᆞᆫ 隆熙二年十二月二十日로부터 韓國東岸慶尙北道邊日灣의

關稅總長　永濱盛三

東角冬外串에 建設ᄒᆞ 燈臺에셔 每夜日沒로부터 日出々지地點
一、燈臺의 位置と 日本水路部刊行海圖第三百十二號에 依ᄒᆞ야
左와 如ᄒᆞ
北緯三十六度四分四十六秒
東經百二十九度三十四分九秒

一、燈臺ᄂᆞᆫ 煉石造入角形이며 白色으로塗ᄒᆞ고 其高ᄂᆞᆫ 基礎로
붓터燈火々지四十七尺이라

一、燈火ᄂᆞᆫ 第四等連閃白色燈이니 每二十秒時ᄅᆞᆯ 隔ᄒᆞ야 十秒時
間에 二連閃光을 發ᄒᆞ며
燈火의 中心은 高潮平均水面으로부터 高百一尺이며 晴期ᄒᆞ
夜에 際ᄒᆞ야 水面上十五尺의 上에 在ᄒᆞ 觀測者と 十六海里의
距離에셔 此를 始見ᄒᆞᆷ을 可得ᄒᆞ

一、燈火ᄂᆞᆫ 南六十九度東으로부터 南、西를 經ᄒᆞ야 北七度四十
五分西々지二百四十一度十五分間을 照輝ᄒᆞ
但明弧ᄂᆞᆫ 海上一로부터 燈臺에 向ᄒᆞ야 方位ᄂᆞᆫ 磁針으로써 測
定ᄒᆞ

一、霧笛의 原働力은 石油發動機며 壓搾空氣에 依ᄒᆞ야 每五十六
秒時ᄅᆞᆯ 隔ᄒᆞ야 四秒時間을 吹鳴ᄒᆞ

右告示ᄒᆞ
隆熙二年十二月十日

關稅總長　永濱盛三

叙任及辭令

○十一月二十八日
日本國春日艦長海軍大佐　荒川　規志

○十一月三十日
任郡主事叙判任官四等
任道主事叙判任官五等

特叙勳二等賜八卦章

崔　儀　南
姜　啓　淵

<대한제국 관보> 1908년 12월 16일 자에 수록된 '관세국 고시 제58호'는
'동외곶등대'의 설치 사실을 알리고 있다.

이 외에도 대한제국 관보에는 동외곶등대의 표현을 찾아볼 수도 있다.

隆熙四年五月三日(火曜) 대한제국관보 第四千六百六十八號 (1910.05.03)

關稅局告示第百七號 韓國東岸冬外串燈臺點燈及霧笛吹鳴의停止韓國東岸冬外串燈臺는故障을因ᄒ야本日붓터當分間點燈及霧笛吹鳴을停止홈 但點燈及霧笛吹鳴을開始홀時에는其旨롤告示홈 隆熙四年五月一日 關稅局長 鈴 木 穆

隆熙四年五月十一日(水曜) 대한제국관보 第四千六百七十五號(1910.05.11)

關稅局告示第百八號 韓國東岸冬外串燈臺點燈及霧笛吹鳴의開始韓國東岸冬外串燈臺는故障을因ᄒ야點燈及霧笛吹鳴停止中이러니(告示第百七號參照)本月十一日부터從前과如히點燈及霧笛의吹鳴을開始홈 隆熙四年五月八日 關稅局長 鈴 木 穆

그런데 농상공부 수산국 편찬, 《한국수산지》 제2집(1910년 5월) 474~475쪽 '제5절 영일군'에 보면,

북은 흥해군에, 서는 경주군에, 남은 장기군에 접하고, 삼면으로 산을 등지고 북과 서는 죽림산맥 및 형산맥이 연호하여 흥해, 경주 양군의 경계를 나누며, 남은 기림사 뒷산에서 뻗어 내린 마운산맥이 동으로 돌출하여 반도를 형성하여, 그 갑각(岬角)을 동외곶(冬外串)이라 하고, 일본인은 이를 '米か鼻'라고 부르며, 흥해군 달만갑(達萬岬)과 상대하여 큰 만(灣)을 이뤄 이를 영일만(迎日灣)이라고 칭하는데… (이하 생략)

이 자료에 의하면 동을배곶(冬乙背串) 혹은 '동배곶(冬背串)'이 동외곶(冬外串)이라는 이름으로도 사용되었음이 나타나고 있고, 또한 이를 일본인들이 따로 '米か鼻'라고 불렀다고 적고 있다. 여기에 나오

는 '米か鼻'는 '요네카하나(よねかはな)'라고 읽을 수 있고, 단순 번역하면 '쌀의 코'라고 해석할 수 있다. 이는 아마 육지에서 좀 튀어나온 곳에다 흔히 '코(鼻)'라는 이름을 붙였던 일본식 표기라고 볼 수 있으며, '비(鼻)'는 '갑(岬)'이나 '곶(串)'의 대용어 의미로 일본인들이 흔히 사용한 듯 보인다. 또한, '하나(鼻)'는 '하나(端)'와 같은 발음이라 '하나(端)'는 지형이 튀어나온 곳을 의미하고 갑(岬)은 암벽의 끝자락을 말하는 용어이다.

두산백과사전에 의하면 곶은 갑(岬) 또는 단(端)이라고도 하고, 흔히 관(串)자를 빌려 '관' 또는 '곶'으로 부르기도 한다. 곶보다 규모가 큰 것을 반도라고 하는데, 반도의 말단부를 곶이라고 하는 경우도 있다. 장연(長淵)반도 말단부를 장산곶(長山串), 장기반도 말단부를 장기곶 또는 장기갑이라고 하는 따위이다. 단(端) 자가 붙은 곶 이름은 동해안의 곶에 많이 쓰이는데, 칠보산지루(七寶山地壘) 북쪽의 어랑단(漁郞端), 남쪽의 무수단(舞水端), 강원 통천군 북부의 수원단(水源端) 등이다. 육지가 침강하면 골짜기는 물이 차서 만(灣)이 되고, 산줄기는 물 위에 남아 반도나 곶이 된다. 따라서 곶은 산지의 경질암석이 침식을 견뎌 그 말단부가 해식애를 이루는 경우가 많으나, 사취가 바다에 돌출해서 형성되는 경우도 있다

일제 강점기에 일본 제국주의자들은 '경관 만들기'와 '지명 부여' 사업을 벌였다. 1906년 3월 '돌배곶에 '등간(燈竿)'을 설치하고 '울기등간(蔚埼燈竿)'이라고 불렀다. '울기(蔚埼)'는 일본식 지명표기 방법이라고 할 수 있는데 지금도 일본해군이 만들어 놓은 것을 그대로 사용

하고 있는 곳이 바로 '울기(蔚埼)'이다. 여기서 '기(崎 혹은 埼)'는 나가사키를 '장기(長崎)'라고 표기할 때처럼 육지가 바다 쪽으로 튀어나온 곳을 가리키는 말이다. 또한, 러일전쟁 때 일본은 우리나라 주변의 해역을 감시하기 위해 전국 20여 곳에 망루(望樓)를 설치하여 운영하였다. 이는 신용하 교수의 "조선왕조의 독도영유와 일본제국주의의 독도 침략",《한국독립운동사연구》 제3집(독립기념관 한국독립운동사연구소, 1989) 105쪽에 보면 이러한 표가 있다.

제4표. 日本海軍이 러·일戰爭기간 韓國領土에 설치한 望樓

望樓名	所 在	電信局과 연락하는 通信器	艦船에 대한 通信器의 設備	起工年月日	竣工年月日	開始年月日	配員 (備人포함)
八ツ浦	韓國八口浦	電話	手旗·發光信號·無線電信	1904. 2.15	1904. 3.28	1904. 9.20	14
白島	韓國白翎島	電話	氣象觀測행함·完備·無線電信	1904. 3.17	1904. 4. 3	1904. 4.11	19
竹邊	韓國東海竹邊津	電信	完備·無線電信	1904. 6.27	1904. 7.22	1904. 8.10	13
元山津	韓國元山津	電話	手旗·發光信號	1904. 7. 5	1904. 8. 3	1904. 8. 3	5
影島	韓國釜山杷影島	電信	完備	1904. 7.17	1904. 8. 2	1904. 8. 2	9
鴻島	韓國鴻島	電信	完備	1904. 7.17	1904. 8. 2	1904.10. 7	8
松島東	韓國鬱陵島東南端	電信	完備	1904. 8. 3	1904. 9. 1	1904. 9. 2	7
松島西	韓國鬱陵島東北端	電話	完備·氣象觀測을 행함	1904. 8. 3	1904. 9. 1	1904. 9. 2	7
蔚埼	韓國蔚山港	電信	完備	1904. 8.27	1904. 9.20	1904. 9.21	7
文島	韓國巨文島	電信	完備·無線電信	1904. 8.27	1904. 9.20	1904. 9.30	11
牛島	韓國濟州島東州牛島	電信	完備	1904. 8.27	1904. 9.20	1904.10.10	7
濟島	韓國濟州島西岸	電信	氣象觀測을 행함·完備·無線電信	1904. 8.27	1904. 9.20	1904. 9.30	12
蔚島	韓國蔚島	電話	完備	1904. 8.27	1904. 9.20	1904.10.15	19
多太	韓國巨濟島東岸	電話	手旗·完備·紅線電信	1904. 9. 5	1904.10.18	1904.11.29	8
水源	韓國水源端	電信	完備	1905. 3. 7	1905. 4.21	1905. 5. 3	7
虎島	韓國永興灣入口右側	電話	完備·無線電信	1905. 3.28	1905. 4.24	1905. 5.26	11
舞塩	韓國舞水端	電信	完備·無線電信	1905. 6. 7	1905. 7.13	1905. 7.20	12
松島北	韓國鬱陵島	電信	氣象觀測을 행함·完備·無線電信	1905. 7.14	1905. 7.16	1905. 8.16	11
多埼	韓國多外串	없음	完備·無線電信	1905. 7.14	1905. 8.15	1905. 8.21	8
竹島	韓國獨島	電信未成	完備		1905. 7.25	1905. 8.19	1905. 8.19	6

자료:『極秘明治三十七八年海戰史』 第4部 卷4에서 작성.

이 자료를 자세히 살펴보면 일본이 망루를 설치하면서 원래 우리의 지명이 있음에도 불구하고 '망루명(望樓名)'을 기존 지명을 줄여서 표시한 것을 볼 수 있는데, 가령 백령도는 '백도'로, 절영도는 '영도'로, 거문도는 '문도'로, 제주도는 '제도'로 표기하고 있다. 또한, 전형적인 일본식으로 바뀐 곳도 볼 수 있는데 죽변은 '죽빈'으로, 울릉도는 '송도'로, 울산항은 '울기'로, 무수단은 '무기'로, 바꿔놓고 있다. 여기서 '빈(濱)'은 일본말 '하마'(가령 요코하마)의 뜻으로 바닷가를 가리키는 글자이고, '기(埼)'는 일본말 '사키, 자키'(가령 나가사키)의 뜻으로 지형이 튀어나온 곳을 말한다. 표에서 '기'라는 표기는 '埼' 와 '崎'로 혼용 표기되었음을 알 수 있다. 또한, 지금은 '호미곶'이라는 지명으로 변해버린 '동외곶(冬外串)'에도 망루가 설치되어 한때나마 일본인들이 동외곶(冬外串)을 '동기(冬埼)'라는 이름으로 불렀던 사실을 확인할 수 있다.

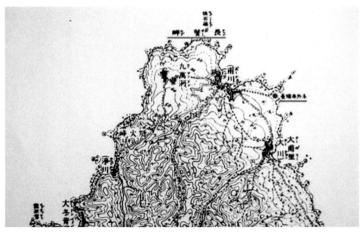

조선총독부가 펴낸 <대정4년측도 지형도>에는 '장기갑'이라는 지명과
'동외곶등대'라는 이름이 동시에 등장한다.

이후 이 '동기(冬埼)'라는 이름은 러일전쟁이 끝나면서 감시망루가 필요 없게 되었으므로 더 이상 '망루명'으로 존속되지는 않았으며, 이내 원래의 이름이었던 '동외곶'으로 회복되는 과정을 거치게 되었다. 그리고 이곳에 1908년 12월 20일부터 정식으로 등대가 개설되면서도 '동외곶등대'라는 이름은 일제강점기로 접어들어 그대로 사용하였는데 특히 1913년 9월 9일, 조선총독부관보 일본 정부 농상무성 고시 제27호에 의하면 특이하게도 동외곶(冬外串)과 장기갑(長鬐岬)의 명칭을 혼용하고 있었음도 볼 수 있는데, 이는 명칭을 변경하고 나서 당분간의 조치로서 이루어진 것으로 보인다.

조선총독부관보(1913. 9. 9) 告示 第27號

日本政府 農商務省 告示 第27號 中 汽船 「트롤」漁業 追加禁止區域을 다음 圖面과 같이 改正 오늘부터 施行하다. 第7의 第2項中 「10海里線以內」의 다음에 「並對馬國沿岸은 筑前國冲島에서 朝鮮 慶尙北道 長鬐岬(冬外串)에 이르는 線과 東經 130度와 北緯 35度와의 交叉點에서 朝鮮 慶尙南道 鴻島 南端에 이르는 線 및 同島南端에서 肥前國生月島北端에 이르는 線으로 둘러쌓인 線內」를 加하다.

그 후 조선총독부 관보 제598호(1928.12.27)의 고시 제486호에 의해 동외곶등대 명칭을 장기갑등대로 바꾸게 됨을 알리고 있다.

한글학회가 정리한 〈한국지명총람〉 6 (경북편) III (1979년)에는 영일군의 지명에 대한 조사자료가 수록되어 있는데, 여기에 '호미등(虎尾嶝)'이라는 표현이 등장하나 '동을배곶'은 나타나지 않으며 인근 '대동배리'를 '동을배환'이라는 표시가 남아 있는 것이 보인다. 또한, '영일군 구룡포읍 구만리'편에서는 장기갑(長鬐岬) '호미등, 삐중다리'과

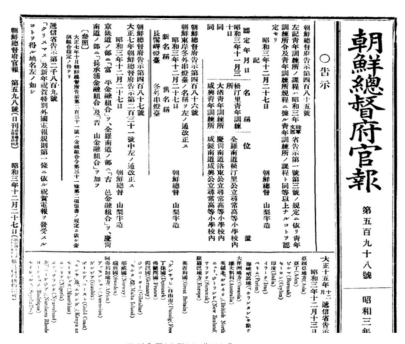

조선총독부 관보 제598호(1928.12.27)

장기갑등대(長鬐岬燈臺) '구만리등대'에 대한 설명이 있고, '영일군 동
해면 대동배리'편에서는 대동배리(大冬背里)에 대해 '본래 영일군 마산
면의 지역으로서, 큰 산이 곶이를 이루었으므로 한달비곶이, 한달
비, 또는 대동배, 동을배환, 동을배, 동범패, 대동배, 학달리리라 하
였는데 1914년 행정구역 폐합에 따라 장천동을 병합하여 대동배동
(리)이라 하여 동해면에 편입됨. 옛날부터 동을배 목장과 동을배 봉
수대를 두어서 나라의 요지가 되었다'라고 해설하고 있다. 여기에
'호미등'이란 표현이 나오고 있으나 이 자료가 1979년이고 이 용어의
출처가 명확하지 않다.

이상으로 옛 지도와 문헌을 통하여 '장기반도'의 역사적 근거를 살펴보면, 현재 '호미곶'으로 불리는 이 지역은 예부터 일관되게 동을배곶(冬乙背串) → 동외곶(冬外串) → 장기갑(長鬐岬) → 장기곶(長鬐串) → 호미곶(虎尾串)으로 변천하여 왔음을 알 수 있듯이 원래부터 '장기갑'이라던가 '장기곶'이란 지명도 있었다. '장기사람장기학당(cafe.daum. net/jangi)카페'에서 지적하였듯이 이때의 '갑(岬)'이라는 표현은 흔히들 일본식 용어라 하여 회피하고자 하였으니 그렇다면 '곶(串)'이라는 말은 원래 우리가 썼던 것이니 거부감은 없었을 것이다. 더구나 장기라는 지명은 고려시대부터 사용하였다가 일제가 1914년에 행정구역을 통폐합하기 직전까지도 존재하였던 '장기군'이고 이후 지금도 장기면이 엄연히 존재하여 장기라는 지명을 사용하고 있다. 아무튼 장기곶은 장기군에 있는 '곶'이라는 뜻이니까 계속 사용하기에 무리가 없었을 것이다. 그도 저도 싫다면 옛 문헌에서 가장 많이 나오는 '동을배곶(冬乙背串)'이라 하였으면 좋았을 거란 생각도 하여본다. 그런데도 결국은 정권이 바뀌고 뭔가 대형 이벤트를 창조하는 과정에서 일본학자 고토 분지로에 맞서서 남사고의 문헌에다 최남선의 아이디어를 결합시켜 만들어 낸 것이 난데없이 '호미곶'이란 지명으로 탄생한 배경이라 밖에 볼 수 없으며, 이렇듯 '호미곶'은 원래부터 불리던 지명이 분명히 있었는데도 잘못된 발상과 추론으로 진행되었다고 본다.

상생의 손

　우리 땅 독도를 일본이 지금도 영유권 주장을 하고 교과서에 기술하여 어린 학생들한테까지 가르치고 있는데, 이에 대한 해결책은 역사적 근거를 명확히 하는 것이 최선의 방법이고, 지금은 중국 땅이 되어버린 옛 만주, 간도 땅을 되찾기 위함도 아직까지 발굴하지 못하고 있는 역사적 문헌이나 지도자료를 근거로 주장하여야 하듯이 오래전부터 장기반도에는 장기현이 자리하고 있었고, 그 지역에 장기곶이 있었다는 것을 새삼 상기하면서 '호미곶'이란 출처 불명의 지명을 걷어치우고 지금이라도 옛 지명인 동을배곶(冬乙背串)이나 장기곶(長鬐串)으로 환생하길 기대하는 마음으로 여러 가지 자료들을 모아 본다. 일제 강점기에 일본 제국주의자들은 아름다운 삼천리강산에 숨어있던 우리 땅의 모든 지명을 송두리째 바꿔버리고 심지어 창씨개명까지 강요하기에 이르렀다. 그리고 해방 이후에 대한민국 정부가 들어선 이후 현재까지도 권력자들의 의도는 역사적 근거나 사실을 멀리하고 무조건 일제 잔재에 대한 우리 시대의 강박관념(?)이 만들어낸 창조물이란 사실을 항상 기억하고 이제부터라도 조상들이 오랫동안 부르던 옛 지명을 되찾는 일을 서둘러야겠다.

한반도의 모양이 토끼면 어떻고 호랑이면 어때서 지금까지 역사적으로 잘 불려 오던 지명을 굳이 바꿔 불러야 하는가 싶다. 영일만을 끼고 있는 반도는 토끼 꼬랑지라고 하여 호랑이 꼬랑지의 뜻인 호미(虎尾)곶으로 바꾸어 부른지 오래다. 그전까지의 지명인 장기(長鬐)곶은 일본식의 이름인 장기갑에서 바뀌었다. 장기(長鬐)라는 지명은 고려 초에 장기현(長鬐縣)으로 이름이 붙여진 것으로 한자인 기(鬐)자는 말갈기를 뜻하는 글자인데 일본과는 아무런 관련도 없고, 더구나 호랑이나 토끼와도 전혀 관련 없는 글자이다. 더구나 일본인들이 지은 지명도 아닌데 단지 오랫동안 불려 오던 귀에 익숙한 듣기 좋은 그 소리를 해괴망측한 이상한 호미(虎尾)곶이라 부른다니 말도 안 된다. 결국 내 것을 그냥 뺏겨버린 것이다.

660년 백제가 망하면서 많은 왕족과 귀족들과 기술자들이 일본으로 건너갔다. 그리고 나라(奈良)에 왕궁을 짓고 새로운 일본을 만들었다(710~794). 일본 속에 또 다른 백제가 세워진 것이다. 백제의 멸망으로 일본은 최대의 수혜를 받은 셈이다.

'고마', '시라기', '구다라' 같은 단어를 들어본 적이 있는가? 이들은 각각 일본에서 '고구려(高麗)', '신라(新羅)', '백제(百濟)'를 지칭하는 말들인데, 아직도 일본의 전역에는 신라, 백제, 고려의 흔적이 많이 남아 있으며 우리나라와 관련된 옛 지명을 바꾸지 않고 그대로 오랫동안 보존 발전시켜나가는 것을 볼 때 우리나라도 배워야 할 점이 많다는 걸 느낀다. 특히 일본 사회 속에 현재도 고구려의 전통과 문화를 보존하고 있는 코마(高麗)군 외에도 고려촌, 고려본향, 고려고개, 고려왕 묘, 고려신사 등등이 사이타마현에 있어 많은 관광객이 찾고 있다. 뿐만 아니라 니가타현에는 시라기촌(白木村 = 新羅村)이 있는데 신라의 풍습을 그대로 간직하는 문화가 있다. 대마도의 이즈하라에 시라기야마(白木山 = 新羅山) 지명이 남아 있다. 구라다(百濟)는 일본식 한자음인데 오사카의 동남부를 흐르는 구라다강(百濟川)이 있어 아직도 많은 우리나라 관련 지명과 문화가 남아 있음을 알 수 있다.

〈장기향우회보 제25호, 2009. 10 원고 내용〉

장기 숲에 대하여

장기면은 신라 때부터 매우 중요한 군사요충지였고, 왜구의 침입도 잦아 군사림을 조성한 것으로 보인다. 20ha의 거대한 활엽수림이었던 장기숲에 관한 내용은 『경상도읍지』, 『단종실록 3년』, 『문헌비고』, 『정조실록 11년』 등에 언급되어 있지만, 서기 1938년 발간된 『조선의 임수』(조선총독부 임업시험장 발행)로 살펴보면, 현장답사 부분은 현황과 비설로 구성되어 있으며 현황은 숲의 명칭, 소재지, 지황(地況), 임황(林況), 기타로 항목을 나누어 체계적으로 설명되어 있어 옛 모습을 짐작해 볼 수 있다.

한반도를 통틀어 가장 큰 규모의 마을 숲이자 전형적인 군사림이던 장기숲의 위치는 임중리와 신창리까지의 장기천 남안 동서로 길이 3.4㎞, 너비 최대 200m, 최소 15m였으며, 그 면적은 약 20ha에 달했다고 하며 숲의 기능으로는 수해방비림, 방풍림, 방상림, 군사림, 보안림의 역할을 했다.

주요 수종으로 상층목(높이 15m 이상)은 이팝나무, 느티나무, 팽나무, 회화나무, 왕버들나무 등이고, 하층목(높이 4~5m 정도)은 탱자나무, 신나무, 산사나무, 갈채나무, 꾸지뽕나무, 고추나무, 고추나무, 곰의말채나무, 산초나무, 초피나무, 쥐똥나무, 병아리꽃나무, 참갈매나무, 방기, 으름, 새머루, 복분자딸기 등이었는데 그중에 탱자나무가 주종이었다.

장기숲이 언제 어떻게 조성되었는지에 대하여 정확하지는 않으나 몇 가지 사실을 참고해 대략 추정해보면 다음과 같다.

첫째, 1445년 경상도 관찰사 황수신[11]이 고구려 안시성 싸움 때 큰 구실을 한 목책을 세워야 한다는 상소를 올린 뒤 성마다 크고 작은 나무들로 방책을 만들게 됐다며 땔감 및 기구, 목책을 위하여

---

11 황수신(黃守身, 1407년~1467년)은 조선시대 전기의 문신, 정치인으로 자는 수효(秀孝) 또는 계효(季孝)이고, 호는 나부(儒夫)·췌부(侁夫), 시호는 열성(烈成), 본관은 장수이다. 재상 황희의 아들이며 판서 황치신의 아우이다. 우의정·좌의정을 거쳐 영의정에 올라 2대에 걸쳐 영의정이 되었으며, 남원부원군에 봉군되었다. 과거 시험을 거치지 않고도 정승을 지낸 몇 안 되는 인물이기도 하다. 황균비(黃均庇)의 증손으로, 할아버지는 강릉대도호부사 황군서(黃君瑞)이고, 아버지는 세종조의 명상 영의정부사 황희이며, 어머니는 양진(楊震)의 딸이다.

황희는 아들 황수신에게 기방 출입을 끊으라고 여러 차례 엄히 꾸짖었으나 아들은 말을 듣지 않았다. 그러자 어느 날 아들이 밖에서 돌아오자 황 정승은 관복(冠服) 차림으로 문까지 나와 마치 큰손님 맞이하듯 했다. 아들이 놀라 엎드리며 그 까닭을 묻자 황 정승은, "그동안 나는 너를 아들로 대했는데 도대체 내 말을 듣지 않으니 이는 네가 나를 아비로 여기지 않는 것이다. 그래서 너를 손님 맞는 예로 대하는 것이다." 뉘우친 아들은 크게 반성하며 기방 출입을 끊기로 맹세하였다.

1423년(세종 5) 사마시에 응시했다가 낙방했는데, 이때 시관(試官) 중 한 사람으로부터 학문이 부진하다고 지적을 당하자, 이를 모욕적으로 여기고 발분해 학문에 진력하였다. 이후 다시는 과거에 응시하지 않았다. 계유정난을 지지하여 좌익공신에 녹선되었고 세조의 명을 받아『법화경』,『묘법연화경』의 언해를 주관하였고,『대방광원각수다라요의경』의 찬진을 감독하였다.

1452년(문종 2년) 아버지상을 당해 사직했다가 단종이 즉위하자 바로 1452년(단종 즉위년) 관작에 복귀했고, 그해 동지중추부사가 되었다. 그리고 한성부윤을 거쳐 경상도관찰사로 파견되었다가 1455년(세조 1) 우참찬으로 소환되었다. 이때 경상도관찰사 재직 시에 작성한 경상도 웅천현의 지도를 올리면서 비방책(備防策)을 건의하였다.

성내외 빈터에 숲을 조성한 바가 있다고 하여 느릅나무, 버드나무, 탱자나무, 가시나무 등을 빽빽하게 심고, 엮어서 50~60보 약 100m 의 목책을 만들고 그 둘레를 연결하면 곧 하나의 목성이 된다고 『관방집록』[12]에 그 기록을 전하고 있다.

둘째, 장기중학교에 현재도 잔존하는 노거수들을 살펴보면 나무 의 수령이 500년은 된다고 추정됨으로써, 500여 년 전 앞서 말한 1445년경에 숲을 조성했으리라 생각되고, 1872년에 제작된 군현지 도에는 무성한 장기숲의 그림이 선명하게 표시되어 있다.

1968년 식량 증산을 목적으로 숲을 개간, 농경지로 전환하기 위 하여 벌채함으로 숲 개간을 반대하는 분들도 있었으나, 500여 년 지탱해 온 국내 최대의 장기숲은 대부분 없어지게 되고, 장기중학 교 내에 20여 그루의 나무만이 있다. 몇 해 전에는 장기면 주민들 과 사단법인 생명의 숲으로 이뤄진 '장기숲복원추진위원회'는 다산 정약용 선생과 우암 송시열 등 수많은 명현들의 유배지였던 장기면 에 장기숲과 장기읍성 그리고 장기일출암을 연결한 역사 테마 관광 지 조성을 위해 기본 기획을 수립한 적도 있지만 아직 실천은 요원 하다. 근대화의 개발논리에 밀려 사라져 간 소중한 유산을 되살리

---

12 『관방집록(關防集錄)』의 목성지법(木城之法)에서, '느릅나무, 버드나무, 탱자나 무, 가시나무 따위를 빽빽하게 심어서 얽히게 하고 엮어 목책을 만들되, 넓이 는 50~60보 정도로 하고, 둘레가 서로 연접되게 하면 곧 하나의 목성(木城)이 된다. 그 수목의 빈틈을 타서 활과 포를 비치하고 기다리면 우리 편은 믿는 데가 있지만, 적병은 의심스럽고 두려워서 감히 달려들지 못한다.'라고 하였다.

기 위해 이처럼 지역 주민들이 발 벗고 나서면서 앞으로 부지매입
과 실시설계 등이 추진되는 가운데 지자체 등의 관심과 지원은 매
우 절실하다.

『조선의 임수』로 본 서기 1938년 장기숲 현황

한글 해석본

- 명칭: 장기 임수
- 소재지: 경상북도 영일군 지행면 마현리, 임중리
- 지황(地況): 포항읍에서 남동으로 약 30㎞ 떨어진 곳. 일본해역 구 장기읍내의 동쪽 변두리(東郊)를 관통해 흐르는 약 11㎞ 하천 남쪽 기슭(南岸)에 위치한다. 면적 19백(陌)(대장면적 18정(町)9반(反)7무(畝)7보(步)), 동서로 연장한 1,700m 내에 3~400m는 폭이 100m 내지 200m이고, 기타는 15m 내외의 긴 허리띠 같은 강변(河畔) 평탄지로써, 서쪽 상류는 산기슭(山麓)이고 동쪽 하류는 높이 42m의 독산(獨山)으로 이어져 그곳에서 약 1㎞ 떨어진 바닷가(海濱)까지 이르고, 남쪽은 구릉지대를 등지고 경지가 있으며 앞이 시원하게 탁 트이어 넓다(開豁). 북쪽 반대쪽 언덕에도 약간의 경지가 있으나 거칠다. 토양은 부식을 품고 자갈이 많은 사양토(砂壤土)로 습도가 많다. 표토의 깊이(深度)는 1m 이상이며, 땅의 질(地味)은 양호하다.
- 임황(林況): 주종을 이루는 나무는 이팝나무(백운목), 느릅나무, 느티나무, 팽나무, 회화나무, 적아(赤芽)버들, 탱자나무로써 전체로 보면 숲 모양이 2단이다. 위단(위층)을 이루는 나무는 무성하면서 빽빽하고(疎密), 가슴 높이의 지름이 최대 130㎝, 제일 많은 것이 70㎝, 나무의 높이는 평균 15m이다. 탱자나무는 하단(아래층) 나무로 빽빽이 자

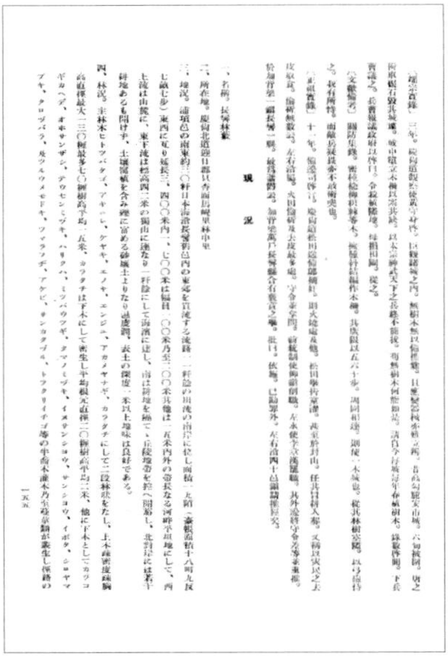

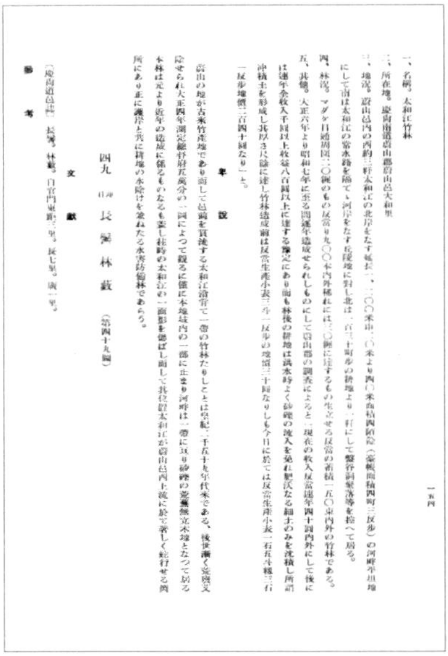

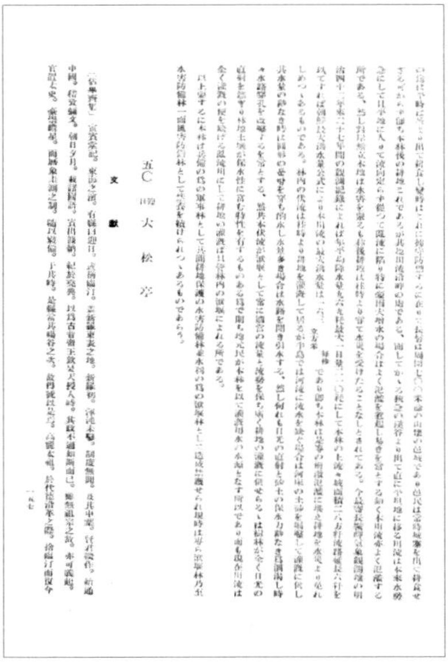

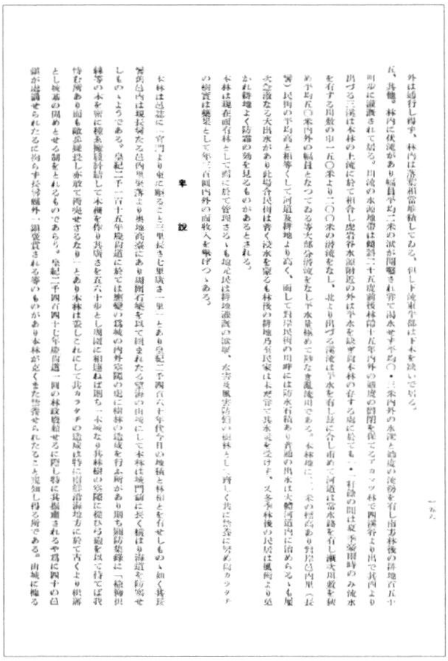

라 있으며 뿌리 부근 지름은 평균 20㎝, 나무 높이는 평균 2m이다. 그 밖에 아래층을 이루는 나무로는 신나무(단풍나무), 산사자(山査子), 물푸레나무, 뽕나무, 삼엽병꽃나무, 개산초(난도), 산초(재피), 쥐똥나무, 백매화, 산취목, 장미, 줄 매화, 원목, 등나무, 다래, 으름덩굴, 삼각덩굴, 딸기 등인데, 그 반은 교목·관목 내지 덩굴류가 빽빽이 들어서 있어 통행할 수 없을 정도이다. 숲 안은 낙엽이 상당히 퇴적되어 있다. 단, 하류 동쪽 반쯤에는 아래층을 이루는 하목이 없다.

- 기타: 숲 안에는 땅 위로 흐르던 물이 땅속으로 스며들어 흐르는 물(伏流)이 있는데, 폭 평균 2m의 보를 만들었기에 일찍 물이 마르지 않고 평균 0.3m 내외의 수심을 이루며 적당한 속도로 흘러서 남쪽 숲 뒤에 있는 경작지 150정보에 물을 대고 있다.

물의 수원지대는 경사 25도 전후로 수령 15년 내외의 송림이 빽빽이 들어서 수원지를 보호해주는 역할을 해준다. 4개의 계곡으로부터 나온 물 중 서쪽 3개의 계곡은 본 숲의 상류에서 서로 합친다. 범바위골(호암곡) 부근의 수원지 외에는 평소에는 물이 없고, 또 본 숲이 있는 곳에서도 약 1.1㎞는 여름철 호우 시에만 물이 흐르고, 하천(川敷)의 중간 150m부터 200m는 땅속으로 물이 흐른다(潛流). 북쪽에서 발원하는 계곡 물은 평상시에도 물이 흘러(平水) 이것과 합치면서 점차 하천 폭을 좁혀 비로소 평균 50m 내외의 폭으로 물길을 이루는 상수로가 되어 있지만 대부분은 잠류(潛流: 땅속으로 흐르는 물)를 이루고, 평소 흐르는 물의 양은 극히 적은 난류천(亂流川)이다.

본 숲은 지표로부터 21m 높이인데, 반대편 언덕 읍내리(장기) 민가의 평균 높이와 서로 같다. 그리하여 반대편 민가는 하천경계에 물

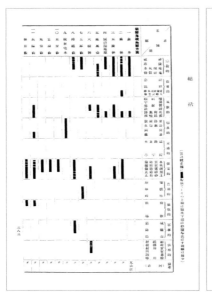

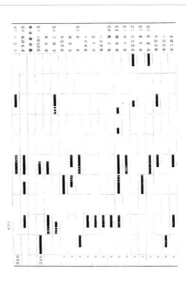

길보다는 높게 방수용 석축을 쌓아두었으므로 보통 물이 흐를 때는 대체로 물길이 다스려지나 때때로 급격한 대홍수가 있을 때는 민가 전체가 두루 물에 잠긴다. 그러나 숲 뒤에 있는 농경지나 민가는 아직도 수해를 당하지 않았고, 또 겨울철에 숲 뒤에 거주하는 민가는 큰바람의 피해로부터도 벗어나며, 경지도 서리 피해를 당하지 않는 혜택을 누리고 있다고 한다.

본 숲은 현재 면유림이므로 면에서 관리하고 있으나, 원주민들이 경작지에 물을 대기 위해 수로와 둑을 만들었고, 그들에게 수해와 풍해를 막아주는 숲이기에 더불어 같이 나무를 베지 않고 키우는 데(禁養)에 힘쓰며, 또 탱자 열매는 약용 열매로써 년 3백 원 내외의 면 수입을 올려주고 있다.

• 비설(민가에서 전하는 야설)

본 숲은 읍지(邑誌)에 이르기를 '관문에서 동쪽으로 3리에 있고, 길이는 7리, 넓이는 1리'라고 했으며, 황기(皇紀) 2460년에 현재의 지적(地積)과 산림의 모습을 보유하게 된 것이다. 구 장기읍성은 현 장기읍내리 취락보다 오지면서 더 높은 곳에 있어 주위에 석축을 쌓아 동해가 바라보이는 산성에 있었으므로, 본 숲은 성문 앞에 길게 뻗쳐 바닷길을 방색(防塞: 들어오지 못하게 막음)하고 있는 것 같다. 황기 2115년 경상도에서는 그때그때의 사정과 형편에 알맞게 성을 방어하기 위하여 방비가 허술한 곳에 숲을 조성한 곳이 있다. 즉, 『관방집록(關防集錄)』에 "느릅나무, 버드나무, 탱자나무 등의 나무를 빽빽이 심어 옹종규결(擁腫糾結)하여 나무 울타리(木柵)를 만들고 그 넓이를 5~60보로 하여 주위를 서로 이으면 곧 한 개의 목성(木城)이 된다. 그 숲나무들의 빈틈을 따라 활과 포(弓砲)를 가지고 기다리면 아군의 방위처가 되고, 또한 적병이 안심하지 못하고 무서워서 감히 돌격을 못함이니라."고 되어 있는 것으로 보아 본 숲도 이런 경위로 조성된 듯하다. 탱자나무를 심어 숲을 조성한 것은 특히 조선 남쪽 연해지방에서 옛날부터 지번(枳藩: 탱자나무 울타리)이라 하여 성의 방위를 공고히 하기 위한 제도였던 것 같다.

황기 2447년 경상도 일원에 있는 산림의 관리 실태를 조사한 다음 관리의 잘잘못을 따져 응징할 때에 40개의 읍과 진이 처벌당하였음에도 불구하고 장기현 외 1개의 진은 포상을 받은 사례도 있어서 본 숲은 엄격히 벌목을 금하고 나무를 심는 등으로 관리가 되었음을 엿볼 수 있다.

산성에서 거주하면서 평소에는 성에서 나와 경작하여 먹고, 변란 시에는 성안에서 지키며 방어하였다. 장기성은 주위 700여m의 산 위에 있으므로 읍민은 평상시에는 성 울타리를 나와서 경작해서 먹어야 했는데, 본 숲 뒤편의 경지가 바로 그것이요, 그것이 물을 대어 경작할 수 있는(地川流沿畔) 장소이다. 주위가 높은 산이어서 흐름도 좁고 급한 계곡으로부터 내려오므로 곧은 평탄지에 내려온 하천 물도 본래 물살이 급하고, 바로 평지로 들어와도 물길이 부족하여 어지럽게 흐르는 난류(亂流)가 된다. 가끔 호우로 물이 불어날 상황이 되면 본 하천도 잘 범람하는 곳이다. 그러나 반대편 언덕 쪽에는 수해를 당해도 숲 뒤에 있는 경지는 이제껏 수해를 당한 일은 없다고 되어 있다. 여기서 가장 가까운 장기곶 기상 관측지의 명치 42년부터 27년간의 관측기록에 의하면 연평균 강수량은 969㎜, 1일 최대량은 210㎜로써 본 숲의 상류지역 면적 28㎢, 유로(물길) 연장 길이 6㎞인 점을 감안해 보면 조선 최대 홍수량 공식에 따라 본 하천의 최대 홍수량은 163㎥/초이다. 즉, 본 숲은 이와 같은 돌발적인 범람에도 잘 견뎌서 경지를 수해에서 벗어나게 하고 있다는 것이다.

본 숲 땅 밑으로 흐르는 물(복류라 한다)은 오래전부터 경지에 물을 대고 있으나 반도에서는 하류 쪽에 물의 양이 적을 때에는 하천 바닥의 토양을 굴착하여 농사짓는데 필요한 물을 논밭에 대고, 그 수량이 적을 시에는 원형의 둔방을 파서 양동이로 물을 퍼내어 사용하고(酌水: 작수), 수량이 많을 때에는 수로를 열어 물을 댄다. 그러나 어느 것이나 태양의 직사광선과 모래땅의 보수력 약함으로 인해 항상 물이 고갈되고, 그때마다 물길을 새로 찾아 뚫는다. 그런데 본 복류(伏流)에 땅을 파서 둑을 쌓아 보를 만들어 항상 적당한 유량과 유세를 지니고 널리 경지에 물을 댈 수 있는 것은 숲이 태양의 직사광선을 아예 막아 숲 안에 있는 토양이 보수성을 유지할 수 있는 특성 때문이다. 즉, 땅을 갖고 있는 주민들은 본 숲을 이용하여 관개용수의 수원을 보호하고 있는 것이다. 그리고 현재 하천은 전혀 관개에 제공되지 못하는 난류천이므로 경지의 관개는 단지 덩굴 숲 내에 있는 땅을 파고 둑을 만든 보에 의지하는 바이다.

이상을 요약하면 본 숲은 군사적 방어를 위한 군사림으로써 그동

안 경지보호와 수해방비림을 병행해서 사용하기 위한 보궤림(洑堰林)
으로 조성되어, 혹은 금지하거나 보호되어 왔다. 현재는 단지 보궤
림이나 수해방비림, 또는 풍해방비림으로써 금양(禁養: 나무를 베지 않
고 키우는 것)을 계속하고 있다.

〈이미지 출처: 국립중앙도서관〉

장기사람장기학당 카페 소개

  우리 고향의 많은 자랑거리 중 하나로 '장기사람장기학당(cafe. daum.net/jangi) 카페'를 빼놓을 수 없다. 지금은 폐교가 되었지만, 관내에 장기, 양포, 모포, 봉산, 계원, 산서초등학교에서 배출한 장기면 출신들이 모여있다. 국내뿐만 아니라 해외에서도 동향 동기 및 선후배 간의 친목을 도모하고, 고향 발전과 정신적, 사회적, 문화적 유대강화를 기본으로 친목 위주로 하는 각종 교류활동, 정보공유, 각종 주제에 대한 연구와 토론 등의 활동을 하는 사이버 고향이다. 우리 고향 출신자와 그 배우자 및 자녀라면 누구나 가입할 수 있고, 특별히 고향 출신이 아니더라도 고향 발전에 기여한 공로가 있거나 특별한 연유가 있는 사람도 가입할 수 있도록 허용하고 있다.

  천 년이 넘은 지명을 가진 장기는 오랜 역사와 전통을 가지고 있

고, 예로부터 충효의 고장으로 소문나 있다. 예를 들어 문화재로 지정되어 있는 장기읍성과 모포줄, 뇌록은 한반도의 보물을 우리가 간직하고 있다는 자부심이 들게 하며, 육당 최남선이 말한 조선 10경에 속하는 장기 일출은 장기읍성의 배일대와 함께 훌륭한 관광자원이 될 수 있다. 아직까지 고향 사람들도 잘 모르고 있는 수성리 구읍성의 지표조사와 발굴은 장기지역을 신라시대로 시간과 공간을 이동시켜, 무궁한 자원이 될 수 있다. 앞으로 지정될 해수욕장과 연계하여 관광자원으로 개발하면 지금은 없어진 장기숲보다 더 나은 자원이 될 거라 보여진다. 이미 여러 차례 이어져 온 장기산딸기축제는 전국의 신문방송이 주목하고 있다.

본 카페 개설 이후 각 동네별, 각급 학교별로, 많은 동기동창이나 동호회 모임이 온라인 카페 형태로 생겨나고 있다. 함께 공유함으로써 친목이 더욱 강화되고, 고향의 정을 키우며, 나아가 오프라인에서 실제 모임을 더 많이 가지게 되어 고향 사람들끼리의 단결력과 표출되는 힘을 과시하기도 한다. 이는 결국 우리 장기 사람들만의 뭉치고 협력하는 습관이 생겨나서 포항에서도 가장 낙후되고 인구도 적은 장기에서 선출직으로 국회의원이나 포항시장과 도·시의원을 당선시키는 데 근본적인 바탕이 되었다고 자부하며, 앞으로 더 훌륭한 인재를 많이 배출하고 이미 여덟 번째 진행되고 있는 장기사람가을소풍(합동산행)처럼 지역민들이 힘을 합치는 데 보탬이 되길 바란다.

고향에서 열심히 살고 있는 분들도 많겠지만, 객지나 외국에서 바쁘게 살아가고 있는 장기 사람들은 고향이라고 해도 자주 못 가는 실정이다. 연기가 모락모락 피어오르는 고향집 동네 굴뚝과 언제나 반겨줄 어머니가 기다리고 계실 것 같은 고향의 추억을 간직하고 살아가는 많은 이들이 언제나 찾아올 수 있도록 만들어진 인터넷상의 또 하나의 고향으로서 자리매김을 확고히 하고 있다.

2001년 1월 31일에 원님나팔(전태열) 님이 카페를 개설한 이후 여러 운영자들과 더불어 각별한 관심을 가지고 활동한 결과 현재 1,800여 명의 회원을 확보하고 있으며, 연차가 쌓여 점점 성년으로 나아가고 있다. 이 카페는 당신의 고향이므로 언제든지 오셔서 돌아보시고 관심을 주시기 바라며, 가끔씩 오신 흔적을 남겨 주시면 더욱 좋겠고, 함께 공유하여 카페를 키워갈 수 있길 부탁드린다.

이는 모두 흩어져 살고 있는 많은 고향 사람들이 고향의 그리움과 추억을 같이 공유하고자 하는 데서 이루어진 결과임으로 카페 운영자들은 그동안 많은 관심을 주신 데 머리 숙여 감사드리고, 앞으로 더욱 활발하고 역동적인 카페로 운영될 것을 다짐한다. 더불어 고향 선후배님들의 보다 더 적극적인 참여를 기대하고 있다.

▶ 장기사람장기학당 다음 카페 운영자
▶ 카페지기: 원님나팔(전태열)
▶ 운 영 자: 서울 이재관　대구 김금주　부산 정택환
▶ 장기사람장기학당 cafe.daum.net/jangi